R E I H E C A N T Z

BRUCE NAUMAN

DER WAHRE KÜNSTLER THE TRUE ARTIST

Beatrice von Bismarck

INHALT

THE TRUE
ARTIST IS AN A
MAZING·NIA
LUMINOUS·FOUNT

BRUCE NAUMAN

– DER WAHRE KÜNSTLER –

Wer sich in den vergangenen Jahren gefragt hätte, ob in der zeitgenössischen Kunst der »Inbegriff des Künstlers« eine Verkörperung fände, dem wäre 1995 der Name Bruce Naumans genannt worden.[1] Eine solche Auszeichnung kann kaum verwundern, finden sich doch in der Rezeption Naumans, folgt man dem zu ihm veröffentlichten Textmaterial, eine ausgesprochen große Zahl derjenigen Eigenschaften vereint, aus denen sich das Bild des Künstlers in der Moderne zusammensetzt.

Zu ihnen zählt die schulebildende Konsequenz der künstlerischen Arbeit ebenso wie deren frühe Verkennung und die daraus abgeleitete zurückgezogene, die Gesellschaft meidende Lebensweise.[2] So spricht man auch im Falle Naumans von dem Unverständnis, daß seiner Arbeit – sogar noch heute – entgegengebracht werde und unterstreicht zugleich die herausragende Bedeutung, die sie für eine ganze Künstlergeneration besitze. Die professionellen Genealogien so unterschiedlicher Künstlerinnen und Künstler wie Damian Hirst, Robert Gober, Mike Kelley, Kikki Smith oder Rachel Whiteread führen ihn einer Vaterfigur gleich an, so daß er anläßlich der Retrospektive, die von 1993 bis 1995 durch die USA und Europa reiste, unschwer zum einflußreichsten Künstler Amerikas gekürt werden konnte.[3]

Doch bleiben die kunstkritischen und kunsthistorischen Urteile zumeist eine konkrete Benennung der Anleihen jüngerer Künstler bei Nauman schuldig.[4] Häufig dagegen wird seine Bedeutung im Rekurs auf seine Persönlichkeit unterstrichen. Als deren Kennzeichen gilt die Distanz zu seinem Publikum. Solchermaßen mythischen Zügen der Vorstellung vom Künstler folgend entwerfen die Rezensionen zu Nauman das Bild vom Künstler als eines besonderen Menschen, dessen Gaben ihn die Rolle eines prophetischen Führers übernehmen lassen. In diesem Bild wurzelt die außerordentliche Autorität, die man Nauman im Verhältnis zu seinen Rezipienten zugesteht. Sie findet in den Texten zu ihm ihren Ausdruck in der Identifikation der Betrachter mit den in den Arbeiten zur Schau

Gestellten, seien es Menschen oder Tiere, und den Reaktionen, die Angst und Erschrecken in den Ausstellungsräumen mit Respekt und Bewunderung für den Künstler paaren.[5]

Der Beständigkeit, mit der das im 19. Jahrhundert gründende moderne Künstlerbild auch für die Nauman-Rezeption noch prägend bleiben kann, soll im folgenden nachgegangen werden. Charakteristische Strukturen kunstkritischer und kunsthistorischer Bedeutungskonstruktion, innerhalb derer die außerordentlichen Qualitäten eines Werkes aus der »Heiligkeit« des Autors abgeleitet werden, haben fraglos Anteil daran.[6]

Darüber hinaus aber legt der Blick auf eine Reihe früher, zwischen 1966 und 1970 entstandener Arbeiten Naumans die These nahe, daß die tradierten Vorstellungen vom Künstler und der diskursive Umgang mit ihnen zudem als Bestandteil seiner künstlerischen Praxis aufgefaßt werden können, die deren Fortbestand zu sichern hilft und Nauman zugleich einen Arbeitsfreiraum erobert.

I.

Mit den angesprochenen, hier als Werkkomplex verstandenen Arbeiten rückt Nauman Aspekte seiner Person in den Blick. Sie umfassen ganz unterschiedliche Medien – skulpturale Objekte aus verschiedenen Materialien, Photographien, Holographien, Filme oder Videos sowie vorbereitend, begleitend oder weiterführend immer wieder die Zeichnung.

Während etwa *Neon Templates of the Left Half of My Body Taken at Ten Inch Intervals* (1966) [Abb. S. 16] plastische Körperabformungen suggeriert, verfolgen Filme, wie *Thighing* (1967) [Abb. S. 15] oder die Holographien der *First Hologram Series: Making Faces (A-K)* (1968) [Abb. S. 12/13] physische Manipulationen einzelner Körperteile. Andere Filme oder Videos wiederum halten im Atelier ausgeführte Handlungsabläufe fest, beispielsweise das Gehen in *Walking in an Exaggerated Manner around the Perimeter of a Square* (1968) [Abb. S. 54]. Ebenfalls als Akteur ist Nauman in photographischen Arbeiten wie *Bound to Fail* (1966-67/1970) [Abb. S. 42 unten] zu sehen. *My Last Name Exaggerated Fourteen Times Vertically* (1967) [Abb. S. 50] ist schließlich eines der Werke, für die er seinen Namen zum Ausgangspunkt wählte.

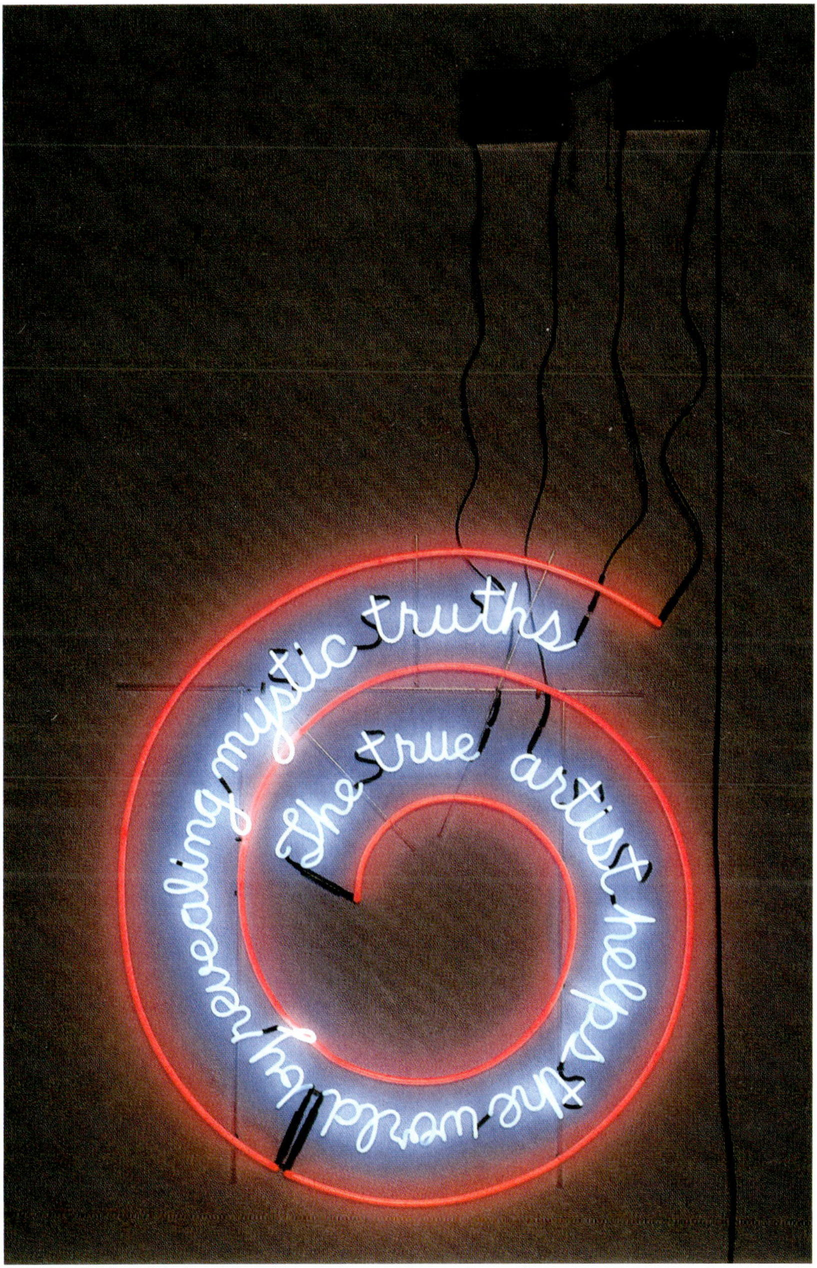
The true artist helps the world by revealing mystic truths

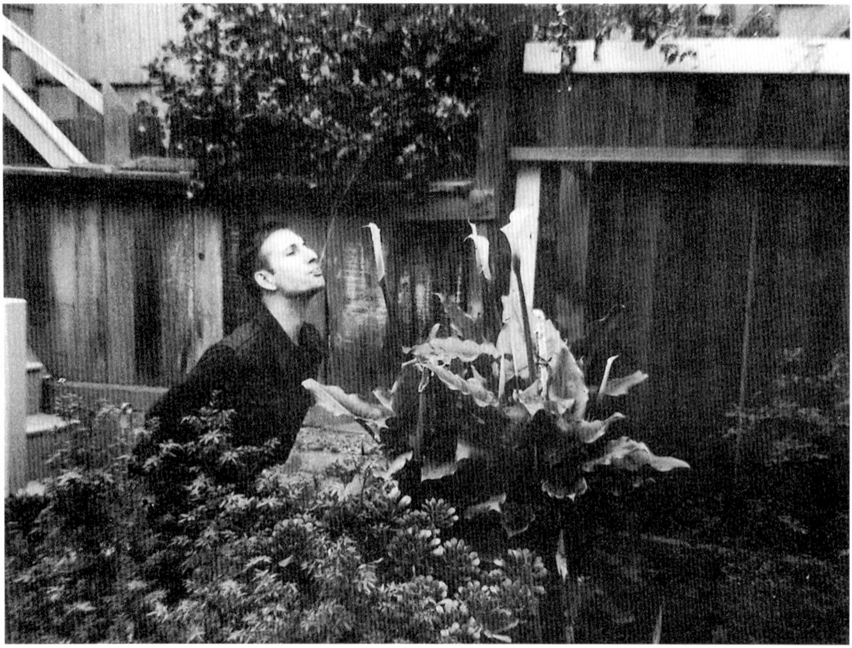

Als Zentrum dieser Werkgruppe aber müssen diejenigen Arbeiten gelten, in denen Nauman seine Rolle als Künstler thematisiert. Auf eine durchsichtige, pinkfarbene Blendfolie schrieb er 1966 den Satz *The True Artist is an Amazing Luminous Fountain* [Abb. S. 6, 39] und hängte ihn – so, daß er von der Straße aus lesbar war - in das Fenster seines Ateliers in San Francisco. Ebenfalls im Fenster erinnerte eine Bierwerbung an die vormalige Nutzung des Raumes als Lebensmittelladen.[7] Denselben Wortlaut wie auf der Folie verwendete Nauman außerdem, nun mit ausgeschnittenen Buchstaben zusammengesetzt, in zwei Ausstellungsinstallationen.[8]

Darüber hinaus variierte er das Thema in den Medien der Photographie und der Zeichnung: Nahezu gleichzeitig mit der Textfolie entstand das *Self-Portrait as a Fountain* (1966) [Abb. S. 11], nur wenig später die Aufnahme *The Artist as a Fountain* (1966/67) [Abb. S. 10] und die Zeichnung *Myself as a Marble Fountain* (1967) [Abb. S. 36].

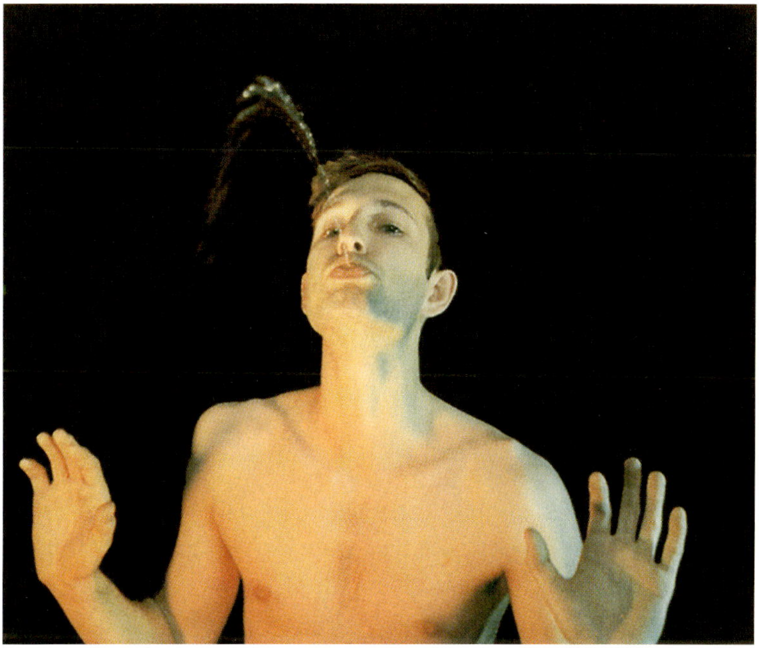

1967 installierte er eine weitere Arbeit in seinem Atelierfenster, das spiralförmige Neonzeichen *Window or Wall Sign*, das den Text schrieb: »The true artist helps the world by revealing mystic truths« (1967) [Abb. S. 9].

1970 brach Nauman diese Befragungen abrupt ab und die eigene Person verschwand für 17 Jahre vollständig aus seinem Werk.[9] Dennoch besitzt der vorgestellte Werkkomplex für die nachfolgende Arbeit besondere Bedeutung. Die Aktualität Naumans in den neunziger Jahren, gerade im Kontext des Körper-Diskurses, läßt sich mit Berufung auf diese Arbeiten als früheste Beispiele einer bis heute andauernden künstlerischen Auseinandersetzung begründen. Zudem bieten sie sich einer Interpretation, die Werk und Künstlerperson engstens miteinander verknüpft und damit der Mythisierung Vorschub leistet, scheinbar nachdrücklich an. Im Zusammenhang mit beiden Faktoren lassen sie vor allem aber einen Positionierungsprozeß des Künstlers im Verhältnis zu seinem Publikum nachvollziehbar werden, der bestimmend für seine nachfolgende Praxis bleiben sollte.

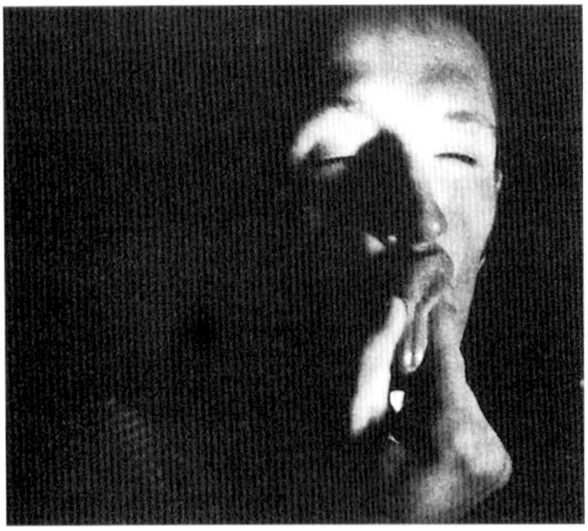 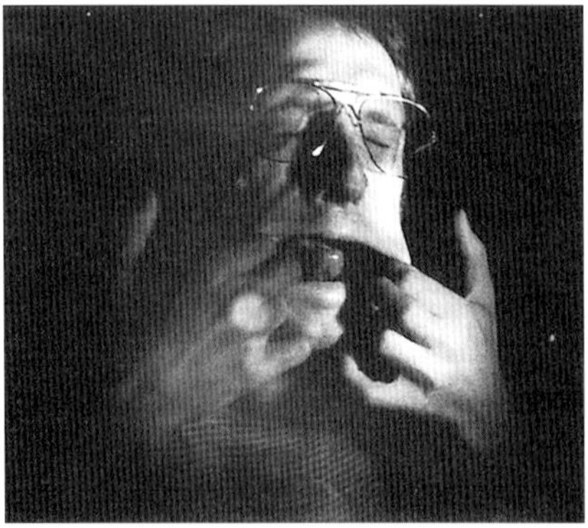

II.

Willoughby Sharps Verständnis von Nauman ist unter der Perspektive der unscheidbaren Verbindung von Künstlerperson und Werk zu verstehen, wenn er 1970 im Interview fragt:[10] »Würdest Du sagen, daß es in den Arbeiten mehr um Dich als um Kunst selbst geht?« Sharp folgert aus dem Auftreten Naumans in den Arbeiten, daß seine Person zu deren eigentlichen Gegenstand geworden sei, daß sie das Werk ausmache. Vorbedingung für diesen Rückschluß ist die Deutung der Arbeiten im Sinne eines Index, der sich als Spur des Autors versteht, die im Verweis auf ihn aufgeht.[11]

Damit ist eine für die Nauman-Rezeption charakteristische Lesart des Werkkomplexes benannt. Die Person Naumans, die physischen und psychischen Eigenschaften, sollen sich, so die Erwartung, in ihm abzeichnen und sich dadurch dem Betrachter offenbaren. Die Titel der Arbeiten, die von »my body«, »my palms«, »my name«, »myself« oder »self-portrait« sprechen, scheinen eine solche Annäherung nahezulegen, weshalb 1969 für Peter Schjeldahl, um nur ein Beispiel zu nennen, die Hologramm-Serie [Abb. S. 12/13] den Ausblick auf ein künstlerisches Selbst, eines, das er als »verrückt, 'primitiv', polymorph-pervers« charakterisiert, freigibt.[12] Einer solchen Auslegungsweise zufolge setzt sich aus den Abgüssen, Abformungen und Abdrücken, den zeichnerischen Abbildungen und den photographischen oder filmischen Ablichtungen ein differenziertes, facettenreiches Selbstportrait des Künstlers zusammen. Der feste Platz, den diese frühen Werke mittlerweile in der Literatur zur künstlerischen Selbstdar-

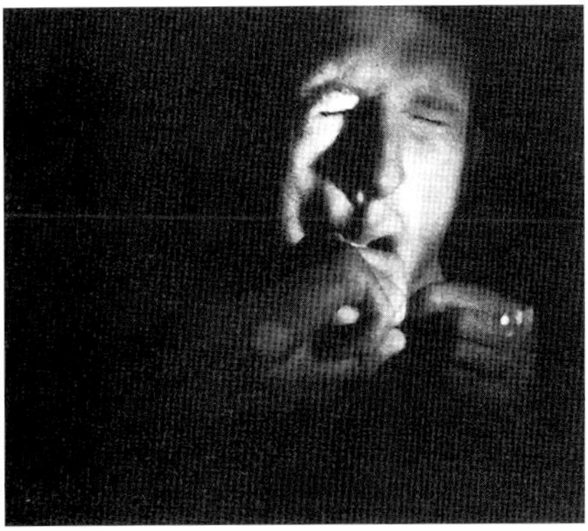

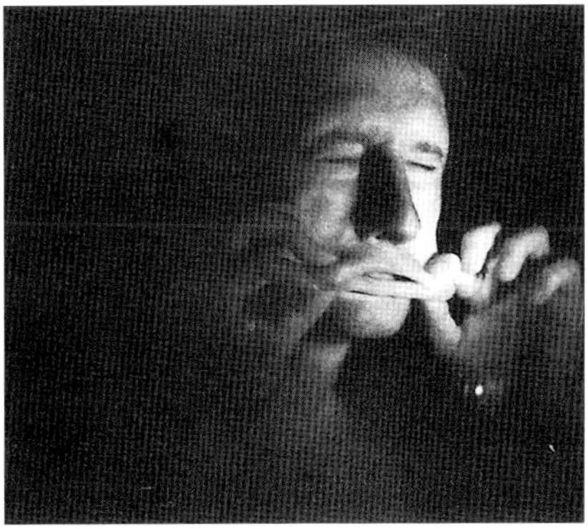

stellung einnehmen, erklärt sich aus dieser Lesart, die zugleich auch die Voraussetzung für die Heroisierung der Künstlerperson liefert.

Entsprechend verwundert es kaum, die Photoarbeit *Self-Portrait as a Fountain* in der Literatur in der Funktion des repräsentativen Künstlerportraits eingesetzt zu sehen. In Harald Szeemanns Katalog zur Ausstellung 'When Attitudes Become Form' von 1969 etwa steht sie stellvertretend für den Künstler und begleitet die biographischen Angaben. Daß sich kontextuelle Bezüge – das Verhältnis von Photograph und seinem Objekt, die unterschiedlichen Rollen, die beide im Verlauf eines Aufnahmeprozesses einnehmen oder konzeptionsbedingte photographische Manipulationsmöglichkeiten – in portraitierenden Photographien abbilden, wird hier zugunsten ihrer Verwendungsfähigkeit als wirklichkeitsgetreues Abbild negiert.[13]

In der Konsequenz kann sich das Motiv im Verlaufe der achtziger Jahre bruchlos durch Aufnahmen ersetzen lassen, die Nauman – als Reflex auf sein Domizil in New Mexico, wo er seit 1979 wohnt – mit Cowboyhut zeigen [Abb. S. 13].

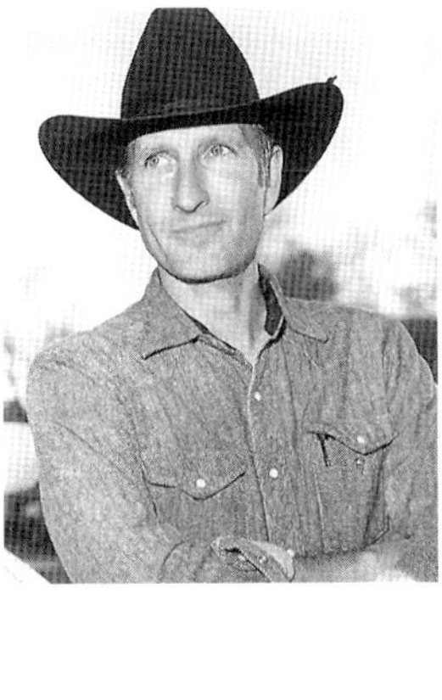

Auch die beiden Textarbeiten, *The True Artist is an Amazing Luminous Fountain* und *The True Artist Helps the World by Revealing Mystic Truths (Window or Wall Sign)* übernehmen in den Publikationen eine dominante Rolle und auch sie erhalten die Aufgabe, sowohl portraitähnlich als auch programmatisch in die Beschäftigung mit Nauman einzuführen. Sie finden sich als Motiv eines Katalogumschlags, als erste, als größte oder als einzige farbige Abbildung eines Textes, als Überschrift zu Rezensionen und zu einzelnen Kapiteln innerhalb monographischer Abhandlungen oder sie sollen, wie bei der letzten Station der Nauman-Retrospektive in Zürich 1995 und der hierfür herausgegebenen Pressemappe, letztlich als ein das gesamte Œuvre des Künstlers subsumierender Werbeslogan fungieren.[14]

Die Funktion, die den Werken durch ihre Plazierung zugewiesen wird, setzt eine Fokussierung auf die mimetische Qualität der Photographie voraus, aber auch, in einer analogen Wendung, die Überzeugung, daß die visualierten oder im Titel getroffenen Aussagen des Künstlers auch seiner persönlichen Überzeugung entsprechen. Ausführlich heißt es in diesem Sinne 1990 zu *Window or Wall Sign* [Abb. S. 9]: »Einige Kritiker haben die These vertreten, durch diese Gedankenassoziation werde der Sinn des Satzes aufgehoben, und

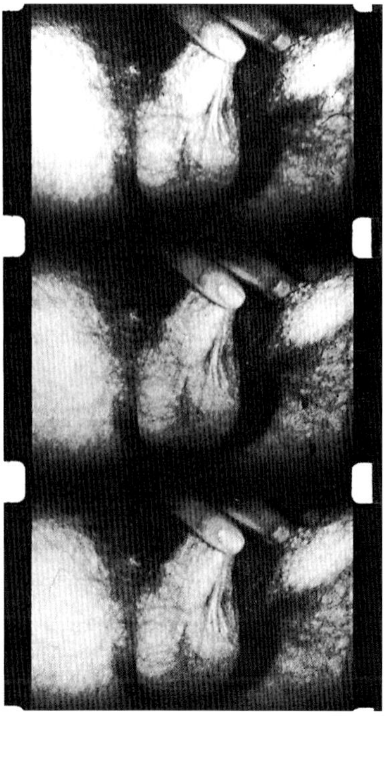

behauptet, er sei eben ironisch gemeint und Nauman ziele nur darauf ab, das pathetische Bild vom Künstler, das hier zum Ausdruck kommt, zu verspotten. Man weiß jedoch von Nauman selbst, daß die Absicht eine andere war: ›Es war eine Art Test – so, wie Du etwas laut aussprichst um zu sehen, ob Du es glaubst.‹ Eine wesentliche Aussage wird härtesten Bedingungen ausgesetzt, und es zeigt sich, daß sie dennoch trägt.«[15]

Zu der angenommenen Glaubwürdigkeit im Hinblick auf Physis und geistige Haltung tritt in der Rezeption als dritter Aspekt noch derjenige der persönlichen Erfahrung, die in den Arbeiten ihren Ausdruck finden soll, hinzu. Der der Werkgruppe zugrundeliegende Impuls wird entsprechend mit Selbsterfahrung benannt.[16]

Dieser verbreiteten Lesart zufolge unterzöge Nauman seinen Körper und seine Person bestimmten Tests. Sowohl in Arbeiten wie etwa *Bouncing Balls* (1969) [Abb. S. 14] oder auch *The True Artist Helps the World by Revealing Mystic Truths* [Abb. S. 9] sähe sich der Betrachter nachvollziehbar mit einem Prozeß konfrontiert, der der Suche nach körperlicher, persönlicher oder professioneller Identität gewidmet ist.

Die der Person Naumans mit solchen Interpretationen eingeräumte Gewichtigkeit für die Arbeiten unterstellt einerseits eine Selbstbewertung des Künstlers, die vom Glauben an die eigene Bedeutung und übergeordnete Stellung getragen ist; sie ist andererseits aber selbst maßgeblich an der Erhebung Naumans in den Rang eines beachtenswerten, besonderen Menschen beteiligt. So kann sich an der vermuteten Selbsteinschätzung Naumans eine Kritik entzünden, die die Arbeiten auf narzißtische Züge reduzieren und festlegen will.[17] Der Status des Außergewöhnlichen wird ihm aber letztlich zuerkannt und damit auch ein Set von Aspekten des modernen Künstlerbildes aufgerufen. Naumans Körper übernimmt Universalansprüche,[18] seine künstlerische Tätigkeit erscheint als Prozeß des leidenden Ringens und eine Skulptur wie *Henry Moore Bound to Fail* [Abb. S. 42 oben] interpretierbar als symptomatisch für die Bürde künstlerischer Berufung.[19]

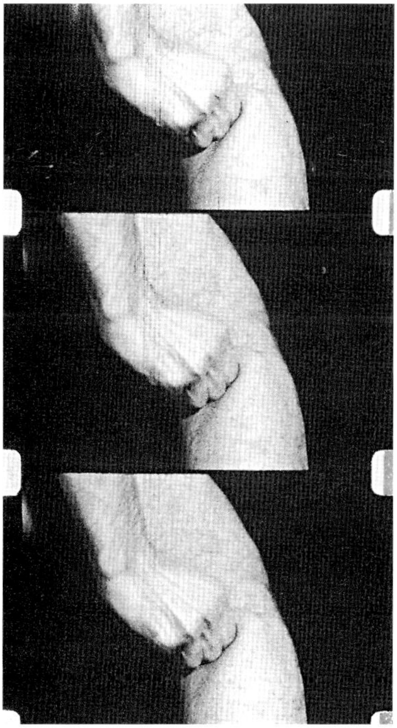

In der Verlängerung solcher Vorstellungen vom Künstler stellt Robert Storr 1995 Nauman in gesellschaftlichen Zusammenhang: »Durch die rapiden sozialen und politischen Veränderungen um sie herum beunruhigt und von der Leichtfertigkeit oder Insularität eines Großteils zeitgenössischer Kultur erschreckt, rufen die verschiedensten Leute zur Rückkehr zu einer Kunst von hoher Ernsthaftigkeit auf, die

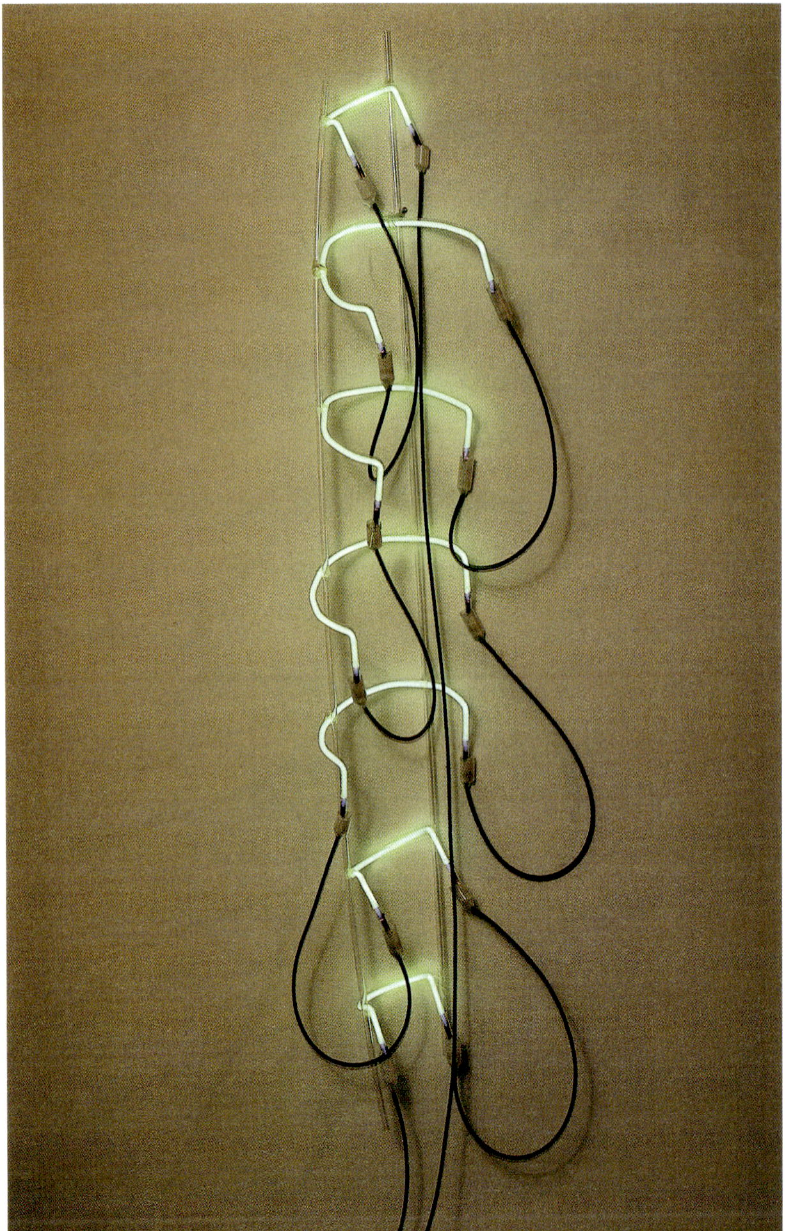

dem Ernst unserer Lage entspricht. Diejenigen, die das wirklich meinen, sollten intensiv und lange in die Richtung Bruce Naumans sehen.«[20]

Andrew Solomon erweitert fast zum selben Zeitpunkt diese propheten-gleiche Führerposition Naumans noch um eine gewaltsame Komponente. Er schafft die Analogie zum Prozeß des Zureitens, in dessen Verlauf die Pferde, wie es im Fachjargon heißt, »gebrochen« werden müssen: »Naumans Werk ist unerfreulich und demütigend und aus der Fassung bringend, aber wenn Du Dich darauf einläßt und ihm die Führung übergibst, dann wirst Du in der Lage sein, Dinge zu tun, die Du vorher nicht tun konntest. Du wirst nützlicher sein, mehr wert, vielleicht besser dran sein, wenn er Dich einmal gebrochen hat.«[21]

III.

So offensichtlich sich die autoritäre Position, die Solomon Nauman zuweist, auch mit einer großen Zahl zeitgenössischer Reaktionen auf seine Ausstellungen deckt, so sehr läßt sie zugleich eine ganz andere Art der Brechung, als die genannte vermissen. Obwohl jene als wesentlicher Aspekt von Naumans künstlerischer Methodik gelten darf, findet sie in der auf Authentizität abhebenden Lesart keine Nennung, würde sie sich dadurch in ihrer Gültigkeit doch selbst in Frage gestellt sehen. Gemeint ist das Moment der Brechung, das sich in der Fortsetzung der zuvor zitierten Äußerung Naumans andeutet, in der er davon sprach, den Satz *The True Artists Helps the World by Revealing Mystic Truths* »testen« zu wollen. Vollständig zitiert mündet die Aussage in der Feststellung: »[Der Satz] ist gleichzeitig wahr und nicht wahr. Es hängt davon ab, wie Du ihn interpretierst und wie ernst Du Dich selber nimmst.«[22] Nauman relativiert seine künstlerische Behauptung, stellt damit sowohl die Eindeutigkeit des Satzes als auch den Stellenwert der eigenen Person und des Körpers für sein Werk zur Diskussion.

In den hier vorgestellten frühen Arbeiten kommt diese Haltung deutlich zum tragen. Die Erwartungen an die portraithafte, abbildende Qualität der Werke werden zwar nachdrücklich sowohl durch Titelvorgaben, als auch durch das mimetisches Potential des Mediums oder auch durch in Interviews gegebene Erklärungen geschürt; erfüllt werden sie aber nur scheinbar. Vielmehr divergieren in der Regel Beschriebenes und Gezeigtes. Gerade körperliche Identität fehlt den Arbeiten, eine Absenz, die auf verschiedene Enttäuschungsstrategien zurückgeführt werden kann.

Ob etwa der sichtbare Körperabdruck von Naumans eigenem Körper stammt oder nicht, bleibt für eine Arbeit nicht notwendiger Weise ausschlaggebend. Anstatt unmißverständlich identifizierbar, erscheint er vielmehr austauschbar und multifunktional einsetzbar.

Für *Wax Impressions of the Knees of Five Famous Artists* (1966) [Abb. S. 19 unten] könnte Nauman sein eigenes Knie benutzt haben. »Ich konnte mich nicht entscheiden, welche Künstler ich nehmen sollte, daher habe ich meine eigenen Knie verwendet«,[23] lautete seine Begründung 1967. Fünf Jahre später heißt es dann allerdings: »das ist so eine Sache, über die meine Frau sehr aufgebracht war, als sie den Artikel in Artforum las. Die Leute nahmen immer an, daß die Abdrücke von mir waren, aber in Wirklichkeit waren sie von ihr.«[24]

Ähnlich spielt *Henry Moore Bound to Fail* (1967/70) [Abb. S. 42 oben] mit der Verantwortung, die Naumans Körper für das entstandene Objekt übernimmt. Motivisch ist es mit einer Reihe photographischer Arbeiten verbunden, die das Thema von Knoten und Fesselungen variierten.[25] In der weiteren Bearbeitung durch die Photoarbeit *Bound to Fail* [Abb. S. 42 unten] trat Nauman dann selbst als Akteur auf, um schließlich mit dem Titel, der den Namen Henry Moores einführt, das Motiv neu persönlich zuzuordnen und, von der eigenen Person ablenkend, umzudeuten.

Charakteristisch für Naumans Vorgehen ist desweiteren, daß er an die Stelle seines eigenen Körpers den Leer-Raum setzt, die ausgesparte Stelle oder Hohlform, die sein Körper hinterlassen hat oder haben könnte. Er materialisiert den umgebenden Raum, während er die formverleihende Materie verschwinden läßt, sie als fehlend markiert.

So wird, laut Titel, der Umfang seiner Taille und Armgelenke durch Aussparungen deutlich in *Collection of Various Flexible Materials Separated by Layers of Grease with Holes the Size of My Waist and Wrists* (1966) [Abb. S. 46 unten], während *Storage Capsule for the Right Rear Quarter of My Body* (1966) [Abb. S. 45] die potentielle Lagerstatt eines Teils seines Körpers in Form einer Hülle vorgeben will.[26]

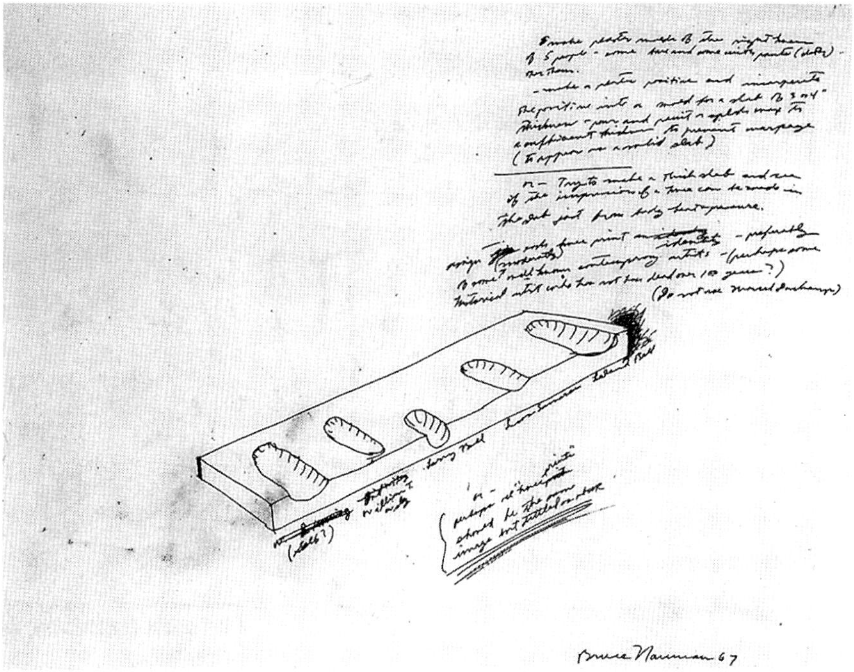
Bruce Nauman 67

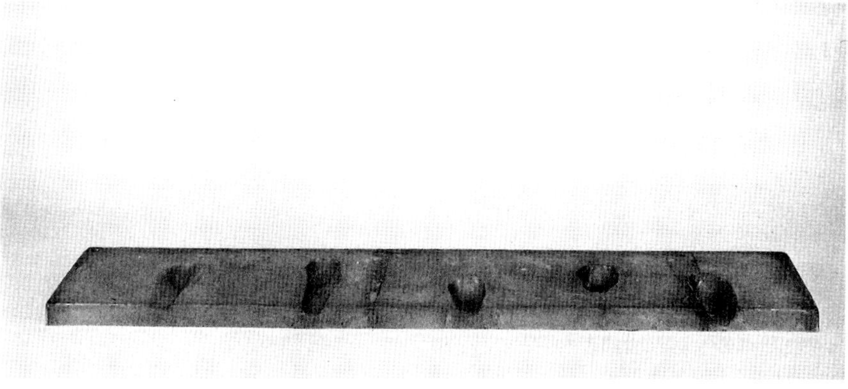

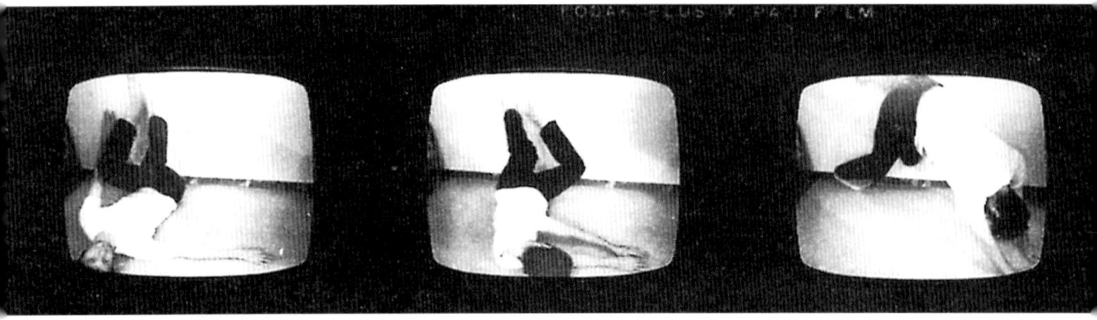

Nauman steigert die Wirkung des Verlusts von körperlicher Präsenz noch zusätzlich, indem er die entstandenen Negativ-Formen außerdem aufbricht, zerstückelt, fragmentiert, verzerrt oder in der Umrißlinie auflöst. (*Wax Templates of My Body Arranged to Make an Abstract Sculpture* (1967) [Abb. S. 44].[27]

Nicht einmal die Erinnerung an physische Gegenwart, wie sie etwa im Fall von Robert Morris' *Untitled (Hand and Toe Holds)* (1964) [Abb. S. 46 oben] durch die Evokation von Gewicht in den Spuren von Fingern und Zehen hervorgerufen wird, gesteht Nauman solchen Darstellungen zu. Weder greif- noch bestimmbar bleibt sein Körper flüchtig, trotz der angenommenen Positionierung im Ursprung der Arbeiten.

Das gilt auch für die Nutzung von Film, Video, Photographie und Hologramm. Zwar bilden sie den Körper ab, scheinen ihn in nächste Nähe des Betrachters zu rücken, sind aber gerade Medien, die Präsenz durch Absenz erzeugen. Sie zeigen stets das, was nicht da ist.

Den photographischen Prozeß, körperliche Präsenz durch die Erinnerung an das Dagewesene zu ersetzen, vollziehen Naumans Filme und Videos, die Bewegungsabläufen im Atelier festhalten, in ihrer Entstehungsgeschichte exemplarisch nach: Ursprünglich als Performances im Museum konzipiert, habe er, so Nauman, da man kein Interesse an ihrer Durchführung zeigte, auf filmische Mittel zurückgegriffen.[28] Mit ihnen ersetzte er die Authentizität seiner physischen Präsenz an einem öffentlichen Ort, der Kunstinstitution, durch die dokumentarisch anmutende Abbildung im Privaten, der persönlichen Arbeitsstätte. Das Medium wird zum Garanten der Rückzugsmöglichkeit vor der direkten Konfrontation mit dem Publikum.

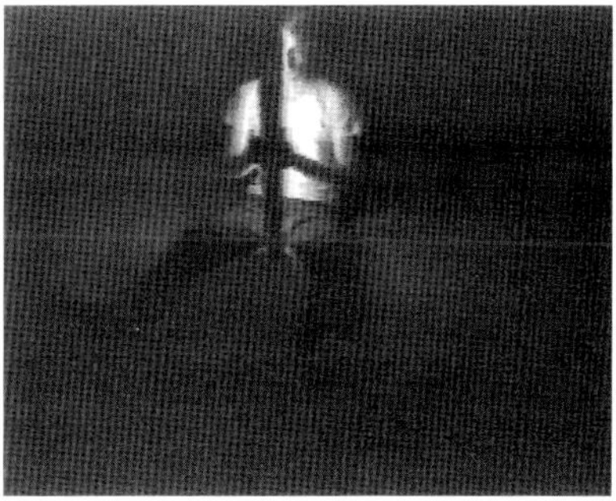

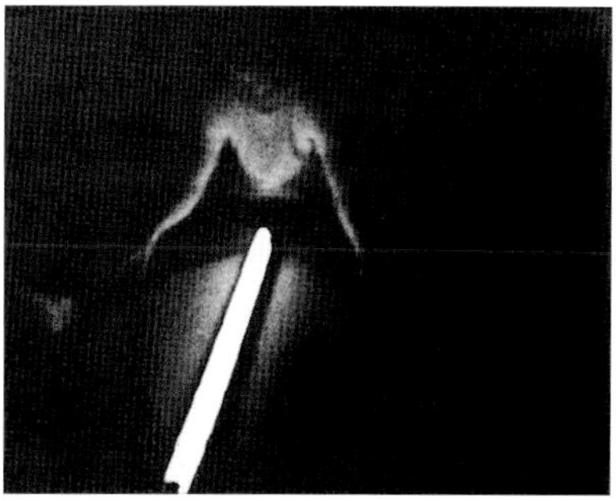

Schließlich entzog Nauman die eigene Person, den Körper ebenso wie das Abbild, ganz dem öffentlichen Blick, als er 1968 in einem schriftlichen Entwurf Anweisungen zur Durchführung einer Performance gab, bei der eine dritte Person Bewegungen vollziehen sollte, wie er selbst sie im Atelier ausgeführt hatte.[29]

Auch die Kameraführung konzentriert sich auf das Fehlende. Zumeist richtete Nauman das feststehende Objektiv in der Weise aus, daß ein Teil der Handlungen außerhalb des Aufnahmefeldes stattfand. Als Akteur ist er dem Blick des Betrachters, der auf einen Einblick in die private Werkstatt des Künstlers gehofft haben mag, zeitweise entzogen. Ersetzt wird die Sichtbarkeit allein durch akustische Signale – das Geräusch der Schritte, des Ballspringens, der Geigentöne – oder durch assoziative Vervollständigung der Bewegungsabläufe, wie sie die beschreibenden Titel oder vorangegangene filmische Sequenzen nahelegen (vgl. *Walking in an Exaggerated Manner around the Perimeter of a Square* (1968) [Abb. S. 54]).[30]

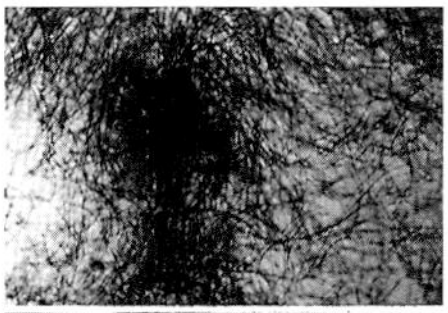

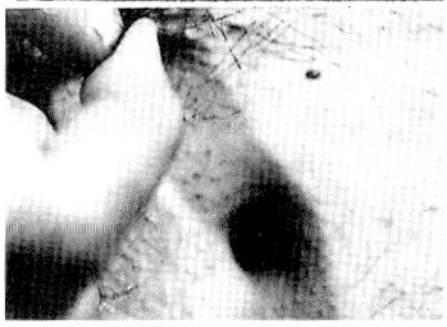

Schließlich fungiert der Körper nicht als Ort physischer Erfahrung, sondern letztlich als Austragungsort oder Hilfsmittel ästhetischer Gestaltung. Die Einordnung Naumans in den künstlerischen Zusammenhang der »Body-Art«, in dem auch Vito Acconci, Chris Burden, Barry Le Va, Dennis Oppenheim oder Gina Pane genannt werden, ist irreführend. Zwar trifft für sie alle zu, wie Sharp 1970 als einer der ersten formulierte, daß ihre Arbeiten weniger vom Körper selbst als davon handelten, wie man mit ihm umgehen kann.[31] Naumans Umgang mit ihm hebt sich jedoch aufgrund verschiedener Verfremdungsverfahren deutlich von dem der anderen ab.

An die Stelle der körperlichen Selbsterfahrung, die beispielsweise Acconcis Performances kennzeichnet, (*Openings* (1970) [Abb. S. 21 unten]), tritt bei Nauman die Verwendung des Körpers als künstlerisches Darstellungsmaterial. Er behandelt ihn wie Holz, Ton oder Leinwand, imitiert mit ihm Gesten und Gestaltungsweisen anderer Kunstpraktiken oder -richtungen. In der Zeichnung *Wax Templates of My Body Arranged to Make an Abstract Sculpture*, (1967) [Abb. S. 44] setzt er seine Körperabformung zu einer abstrakten Skulptur zusammen, das Video *Manipulating a Fluorescent Tube* (1969) [Abb. S. 21 oben] spielt, als kommentierendes Echo auf den Minimalismus, die Positionierung einer Leuchtstoffröhre im Verhältnis zum eigenen Körper anstatt zum Raum durch, während in *Wall Floor Positions* (1968) [Abb. S. 20] der Körper selbst die Rolle minimalistischer Objekte und deren Funktion dreidimensionaler Auslotungen übernimmt. In den vier 16mm Filmen *Art Make-Up* (1967-68) [Abb. S. 24/25, 52] wird der Körper zum Träger monochromer Malerei, in *Thighing* [Abb. S. 15] zum knet- und formbaren skulpturähnlichen Gegenstand, in *Walking in an Exaggerated Manner around the Perimeter of a Square* [Abb. S. 54] zum Ausführungsorgan einer durch Bewegung angegebenen geometrischen Form.

Über die Beziehung zwischen einer skulpturalen Arbeit aus Fiberglas und einer Performance, in der der Künstler 28 verschiedene Positionen einnahm, heißt es: »Ich erinnere mich vage, Listen gemacht zu haben von Dingen, die man mit einem geraden Stab anstellen könnte: ihn biegen, ihn knicken, ihn verdrehen; und ich denke, so ist es schließlich zu den Performances gekommen, weil es genau diese aufeinanderfolgenden Aktionen waren, Stehen, Lehnen, etc. die ich ausgeführt habe.«[32]

Die objekthafte Unterwerfung des eigenen Körpers unter formale Gestaltungskriterien ergänzt Naumans Verfahren, seinen Körper als das stets Fehlende zu markieren. Beide Strategien verhindern die Bestimmung von Identität auf der Ebene körperlicher Eigenschaften oder Erfahrungen. Für den Rezipienten bleibt er aber nicht nur in dieser Dimension ungreifbar; Nauman erweitert die Befragung des Verhältnisses von Künstler und Werk, behandelt den In-

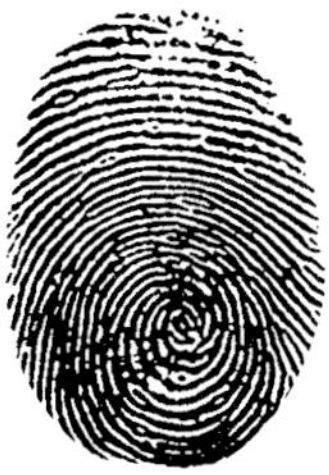

dex dabei als einen unter mehreren Aspekten, die zu einer Definition der Rolle des Autors herangezogen werden können, und erscheint als Folge davon auch in seiner eigenen Rolle nicht bestimmbar.

IV.

Wie seine frühen Überlegungen zu dieser Rolle aussahen, beschrieb Nauman 1986 im Rückblick: »Wenn Du Dich selbst als Künstler verstehst und in einem Atelier arbeitest und kein Maler bist, wenn Du nicht mit irgendeiner Leinwand beginnst, dann machst Du alle möglichen Dinge – Du lehnst Dich im Stuhl zurück oder gehst auf und ab. Und dann kommt man zurück auf die Frage, was ist Kunst? Und Kunst ist, was ein Künstler macht, eben im Atelier herumsitzen...«[33] Die Frage nach der Definition von Künstlerschaft, nach Aufgaben und Funktionen des Künstlers, besaß für ihn, so Nauman, in der frühen Phase zentralen Stellenwert.[34]

Als Problemstellung ist sie charakteristisch für seine Künstlergeneration, hat doch, wie Craig Owens konstatierte, das Verschwinden der Figur des Autors die Kunst seit der Mitte der sechziger Jahre maßgeblich mitbestimmt.[35] Die im Titel zu Owens' Text untergebrachte Frage, »Is There a Life After ›The Death of the Author‹?« kann entsprechend auch als Rahmen für die Werkgruppe Naumans fungieren.

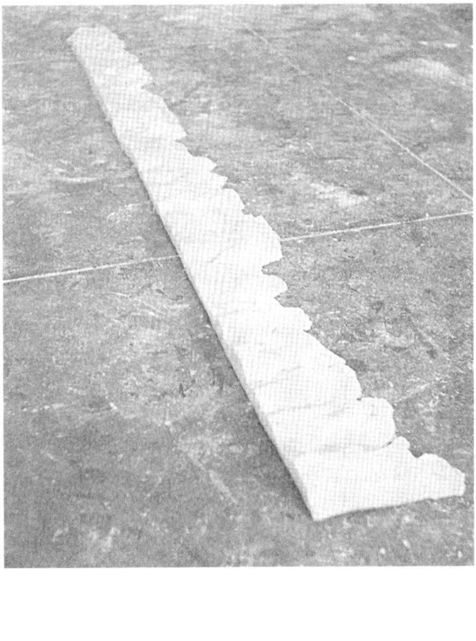

Sich dem Publikum zu entziehen, ihm die Möglichkeit zur Bestimmung körperlicher Identität zu verweigern, erscheint unter dieser Perspektive als Strategie, die Rolle des Autors an denjenigen Stellen zu problematisieren, an denen üblicherweise ihre Manifestation angenommen wird. Insofern ergänzt Nauman die erwähnten Vorgehensweisen zusätzlich durch Befragungen der Autorität, die dem Namen, der Signatur, der Hand des Künstlers oder ihrer Setzung zugesprochen wird.

Die Bedeutung von *Wax Impressions of the Knees of Five Famous Artists* [Abb. S. 19] verschiebt sich unter diesem Gesichtpunkt dahingehend, daß die auf den Autor verweisende Funktion der Spur zum Gegenstand wird. Der Abdruck eines Körperteils kann, wie in der Kunst der sechziger Jahre wiederholt thematisiert, stellvertretend für die künstlerische Setzung auftreten (vgl. Piero Manzoni, *Linker Daumenabdruck* (1960) [Abb. S. 23 oben]). Nauman lehnt diese portraitähnliche Gleichsetzung von Künstler und künstlerischer Arbeit, wie sie der Fingerabdruck suggeriert, zwar ab, macht sie sich aber dennoch, in dem Wissen um ihre Gültigkeit innerhalb tradierter Vorstellungen vom Künstler, für seine Arbeit zunutze. Als suche er eine Entsprechung zu der Wirkung, die die Handabdrücke der Filmstars am Sunset-Boulevard ausüben sollen, verweist er im Titel ausdrücklich darauf, daß es Berühmtheiten waren, die ihre Spuren hinterließen und bezieht sich damit auf die kultische Dimension des Künstler-Werk-Verhältnisses. Die Unklarheit, ob es nur fünfmal sein eigenes Knie gewesen ist, das sich in den Ton eingeprägt hat, schwächt den möglichen Kultwert, um gleichzeitig um so nachdrücklicher dessen Bedeutung für die Wertschätzung künstlerischer Arbeit herauszustellen.

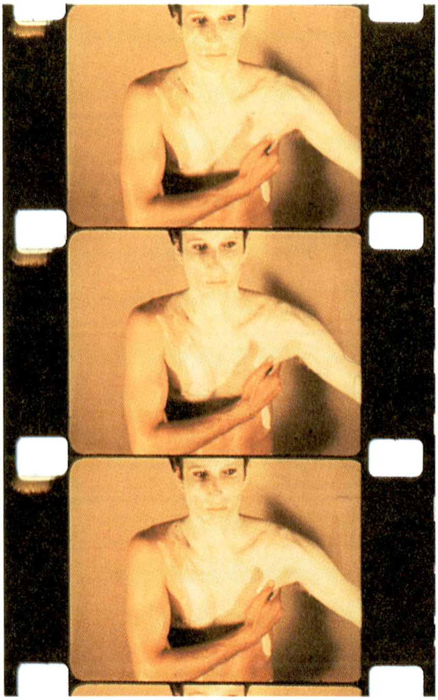

Mit seinem Namen verfährt Nauman analog. Wenngleich sich *My Name As Though It Were Written on the Surface of the Moon*

(1968) [Abb. S. 34/35] und *My Last Name Exaggerated Fourteen Times Vertically* [Abb. S. 50] im Titel auf seinen Namenszug berufen, auch dessen einzelne Buchstaben zeigen, entstellen sie ihn durch Wiederholung und Verzerrung bis zur Unleserlichkeit. Wie schon der Körper wird auch er als abstraktes Formelement ästhetischen Gestaltungsmaßgaben unterworfen, für die er andere Eigenschaften und Funktionen aufgeben muß. Die Titelangaben, denen zufolge die Neonröhren den Namen Naumans aufgenommen haben und mithin einen Dechiffrierungsprozeß des Betrachters anregen, erzeugen, wie schon bei den Abformungen von Körperteilen, Präsenz durch Absenz. Auf diese Weise bleibt die Bedeutung des Namens zur Kennzeichnung eines Autors gegenwärtig.

Spur und Namenszug werden als Verweise auf den Autor schließlich in *Space under My Hand When I Write My Name* (1966) [Abb. S. 23] miteinander verbunden. Weder die Signatur noch die Hand, die sie schrieb, – beides hinreichende Elemente, um ein Werk einem Autor zuzuordnen – sind erkennbar oder überhaupt sichtbar. Lediglich der während des Schreibaktes entstandene Hohlraum erhält materielle Form; das Geschriebene selbst – wie Naumans Körper in anderen Arbeiten – ergibt sich indirekt im Negativumriß, in der Leerstelle.

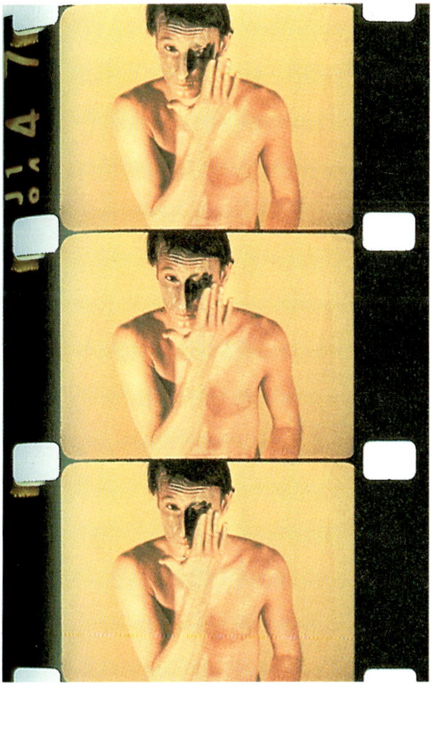

V.

Betrachtet man den frühen Werkkomplex insgesamt, ist das Verhältnis von ihm zu Nauman als Person und Autor in Analogie zu dem der Abgüsse und Abformungen zu Naumans Körper zu verstehen. Nauman verweigert sich den Erwartungen des Rezipienten, die auf seine Präsenz gerichtet sind. Überall dort, wo sie sich andeutet, unterstreicht er nachdrücklich ihr Fehlen. Daß Nauman diese Erwartungen durch die Themenvorgaben in Text und Bild zusätzlich schürt, daß das Abwesende sich stets als das nur vorgeblich Anwesende erweist, kennzeichnet eine Präsentationsstrategie, die das Gezeigte als Umhüllung nutzt.

Anschaulich ist dieser Vorgang des Umhüllens in *Art Make-Up* [Abb. S. 24/25, 52] nachzuvollziehen. In der vierteiligen Videoarbeit schminkt sich Nauman nacheinander in vier Farben jeweils Gesicht und Oberkörper. Das handelnde Subjekt verschwindet im Verlaufe des Malprozesses, deckt sich selbst als Malgrund durch den Farbauftrag zu.[36]

Der Objektcharakter, den der Körper damit annimmt, ist mit demjenigen vergleichbar, den Giulio Paolini in *Hi-fi* (1965) [Abb. S. 48] vorstellt, wenn er seine eigene Gestalt zum Teil der Malfläche erklärt. Spezifisch für Nauman im Kontext seiner zeitgleichen Arbeiten ist, daß der bemalten Fläche, die seine Haut ist, dieselbe Aufgabe zukommt wie den verschiedenen auf den Autor oder seinen Körper verweisenden Hohl- und Negativformen. In besonderem Maße verbildlichen die Videos, daß das Umkleiden und Verdecken Teil dieser Aufgabe ist. Die Praxis des Vorzeigens und gleichzeitigen sich Entziehens, ohne dabei vollständig zu verschwinden, läßt sich in diesem Sinne als ein maskierendes Vorgehen beschreiben.

Maskerade stellt zur Schau um zu verbergen und schafft dadurch Distanz zum Betrachter.[37] Distanz durch Entzug herzustellen ist ein wiederkehrendes Thema in Naumans früher künstlerischer Praxis. Nicht nur die Arbeiten, sondern auch seine Interviews bringen zum Ausdruck, daß für ihn der Abstand zum Publikum gleichermaßen Schutz- und Kontrollfunktion übernahm.

Explizit überschrieb er eine Textarbeit, die 1970 in *Artforum* veröffentlicht wurde, mit »Withdrawal as an Art Form«. In ihr listete er verschiedene Verfahrensweisen, die seine Werke bis dahin ausgezeichnet hätten. Neben etwa »Manipulation der Sinne«, »Verstärkung« oder »Überlastung der Sinne (Ermüdung)« wurde, zusätzlich zu der Erwähnung im Titel, auch hier noch einmal »Entzug« genannt.[38]

Als Charakteristikum der künstlerischen Methode ist es Ausdruck einer defensiven Haltung seiner Öffentlichkeit gegenüber, die Nauman allerdings auch manipulativ einsetzt. So erklärte er etwa 1975: »Ich denke, es hat mit einer

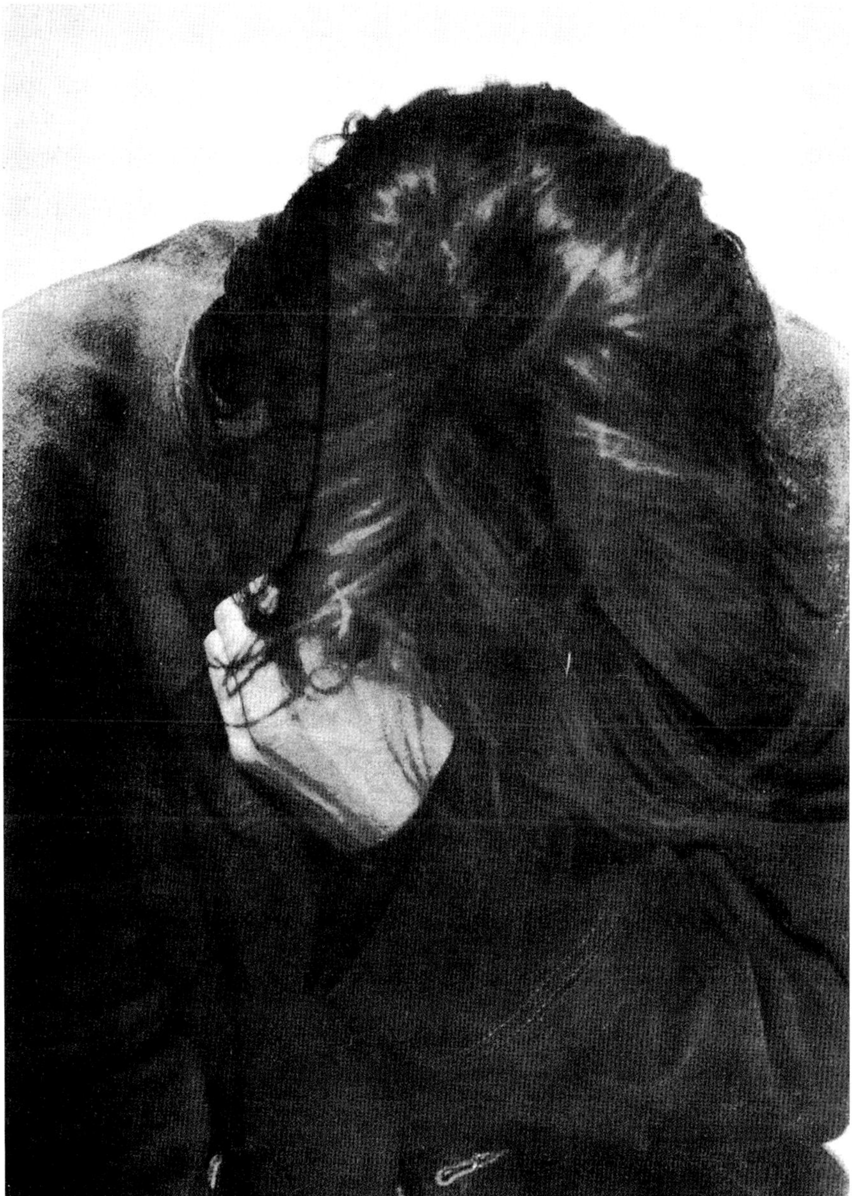

persönlichen Angst, mich zur Schau zu stellen, zu tun. Ich kann nur ein bestimmtes Maß geben. Wenn ich weiter gehe, würde es etwas wegnehmen oder etwas tun, das mich aus der Bahn werfen würde. Wir alle gehen so weit, daß wir Angst haben, uns zu exponieren. Wir wollen unbedingt die Information zur Schau stellen, aber haben auf der anderen Seite Angst, Menschen zu nah heran zu lassen.«[39] Eine der Textpassagen, die 1975 Teil der Installation *Consummate Mask of Rock* waren, endet entsprechend mit dem programmatisch zu verstehenden Satz: »People die of exposure«.[40]

Vier Jahre später erweiterte Nauman diese Erklärung um einen strategischen Aspekt: »Wann immer ich öffentlich etwas präsentiere, das ich im Studio gemacht habe, durchlebe ich ein unglaubliches Maß an Selbstenthüllung, das paradoxer Weise auch als Schutz fungieren kann. Ich werde Dir etwas über mich erzählen, indem ich die Show veranstalte, aber ich werde Dir nur ein begrenztes Maß erzählen. Wieder ist es so wie zwei Ordnungen von Information zu benutzen; die Spannung ist beabsichtigt.«[41]

Ein Titel wie *Withdrawal as an Art Form* ebenso wie die Wahl des Motivs der Einladungskarte zur Ausstellung bei Konrad Fischer in Düsseldorf [Abb. S. 27] bezeugen die Nachdrücklichkeit, mit der Entzug schon zehn Jahre vor diesen Aussagen zur wesentlichen Umgangsform mit dem Publikum wurde. Aus der historischen Distanz findet Nauman Worte für ein strategisches Vorgehen, das ganz im Gegensatz zu der an ihm geäußerten Kritik, nach der er ohne Öffentlichkeitsbezug arbeitet,[42] eine bewußtes, wenngleich auch auf Ausschluß basierendes Verhältnis zum Betrachter herstellt. Sich zu Entziehen ist dabei dem Schweigen des Künstlers vergleichbar, das Susan Sontag 1967 als Machtfaktor definierte. Es erzeugt, nach Sontag, eine Form der Undurchsichtigkeit und eine damit nahezu unanfechtbare Position der Stärke.[43]

Daß diese Stärke bei Nauman in Verbindung mit der Angst vor den Folgen öffentlicher Exponiertheit auftritt, korrespondiert erneut mit verallgemeinernden Vorstellungen vom Künstler. Vor dem Hintergrund der gewandelten Öffentlichkeitsstruktur, der sich der Künstler seit dem 18. Jahrhundert gegenübersieht, schlägt Oskar Bätschmann den Begriff des »Ausstellungskünstlers« vor.[44] Teilaspekt der veränderten Situation sei das Leiden des Künstlers an der bürgerlichen Gesellschaft, die seine Öffentlichkeit konstituiert. Daraus abgeleitet stellt er den »Troglodyten«, den Höhlenbewohner, der sich von der Gesellschaft in die Einsamkeit zurückzieht, als ein charakteristisches Segment des modernen Künstlerbildes vor.

Naumans Sätze »People die of exposure« und »Withdrawal [is] an art form«, die die Haltung des »Troglodyten« verbal dokumentieren, lassen sich in diesem Sinne in enge Beziehung setzen zu den beiden Textarbeiten, *The True Artist is an Amazing Luminous Fountain* und *The True Artist Helps the World by Revealing Mystic Truths*, mit denen er die im Künstlermythos verankerten Vorstellungen von quellender Schöpferkraft und prophetischem Wissen aufgreift. Sie alle rekurrieren auf tradierte Künstlerbilder, stellen sie zur Schau.

Naumans Maskerade erhält mit dieser Perspektive eine zusätzliche Dimension, in der sowohl Abdruck, als auch Namenszug oder Künstlerbild gleichermaßen die Aufgabe übernehmen, zu umhüllen. Wenn Kunst für ihn das ist, was ein Künstler tut, so bricht er mit seinen Handlungen keineswegs aus dem etablierten Kanon des im Kunstfeld Akzeptierten aus. Er beruft sich im Gegenteil auf Traditionen, die die Vorstellungen von künstlerischer Autorität fortschreiben. Ihre Voraussetzungen und Bedingungen greift er auf, die Bestandteile der Autorfunktion ebenso wie deren mythifizierende Konsequenzen, die auf der gesellschaftlichen Außenseiterstellung und dem Prophetentum des Künstlers bestehen. Ihrer Präsentation kann der Charakter von Schutzbehauptungen unterstellt werden. Indem sie vorgeben, bestehende Vorstellungen zu bestätigen, ähneln sie einem Prozeß des Sich-Maskieren, welcher Distanz zum Betrachter herstellt, während er dessen vorgefaßte Vorstellungen thematisiert.

Daß Joan Simon 1988 ihr Nauman-Interview mit »Breaking the Silence« überschreibt, obwohl Nauman seit Beginn seiner Laufbahn nie aufgehört hat Interviews zu geben, nie wirklich geschwiegen hat, belegt beispielhaft die geringe Prüfung, der sich seine Behauptungen von Seiten der Rezipienten unterziehen mußten, um statt dessen dankbar als sich nahtlos in den bestehenden Mythos vom Künstler einfügende Facetten aufgefaßt zu werden.[45]

Der Komplex selbstbezüglicher Arbeiten Naumans läßt sich dementsprechend im Sinne einer performativen Praxis des Künstlers beschreiben, die ihre eigene Arbeitsgrundlage diskursiv konstituiert. Der Umgang mit Öffentlichkeit, der in ihr zum Tragen kommt, half eine Projektionsfläche aufzubauen, die Vor-urteile, Erwartungen und Wissen der Rezipienten in dem Maße spiegelt, wie sie die Bedeutung des Autors für seine Arbeit betreffen. Die mythifizierenden Ansätze, die sich darauf abzeichnen, stützen die Vorstellungen von früher Verkennung, Außenseitertum und priesterlichen Qualitäten, auf welche die spätere Rezeption abhebt, lassen sich somit als Legitimation der ihm zugewiesenen Position außerhalb der Gesellschaft und der daran geknüpften Autorität verwenden. Als Abgrenzung zur Öffentlichkeit helfen sie einerseits persönliche Privatheit zu wahren und andererseits, trotz der partizipativeren Rollen, die die Rezipienten seit den siebziger Jahren in seinen Arbeiten übernehmen, Naumans hierarchisch übergeordnete Position zu bestätigen.

Die zentrale Fragestellung der ausgehenden sechziger Jahre sei für ihn gewesen, erklärte Nauman 1970, herauszufinden, ob er tatsächlich ein professioneller Künstler sei. »Ich nehme an, es ist die normale Paranoia des Künstlers, und mehr oder weniger so fühlte ich mich zu der Zeit, irgendwie abgeschnitten, einfach ratlos, wie ich weitermachen sollte damit, ein Künstler zu sein.«[46] Als Nauman in demselben Jahr die selbstbezügliche Arbeitsweise abbricht, ist ihm die Maskerade als »wahrer Künstler« zur Plattform seiner künstlerischen Professionalisierung geworden.

1 Dan Cameron spricht von dem schon seit längerem populären Urteil über Nauman als dem »quintessential artist of our time«, vgl. Space Cowboy, in: *Art & Auction*, Mai 1995, S. 94. Wenn nicht anders angegeben, handelt es sich um Übersetzungen der Verfasserin. Dies gilt auch für diejenigen Zitate Naumans, die zwar in deutscher Übersetzung vorliegen, vgl. Christine Hoffmann (Hg.): *Bruce Nauman. Interviews 1967-1988*, Dresden 1996, aber an für unseren Zusammenhang entscheidenden Stellen von der englischen Originalausgabe abweichen.

2 Zum Mythos vom Künstler vgl. Ernst Kris/Otto Kurz: *Die Legende vom Künstler. Ein geschichtlicher Versuch*, Wien 1934; Franz Roh: *Der verkannte Künstler. Studien zur Geschichte und Theorie des kulturellen Mißverstehens*, München 1948; Eckhard Neumann: *Künstlermythen. Eine psychohistorische Studie über Kreativität*, Frankfurt a. M./New York 1986.

3 Zur Verkennung Naumans vgl. Robert Storr: Beyond Words, in: Ausst. Kat. und Werkverzeichnis Walker Art Center, Minneapolis 1994: *Bruce Nauman*, S. 62; Neal Benezra: Surveying Nauman, ebda., S. 30; Robert Storr: Flashing Light in the Shadow of Doubt, *MoMA*, Frühjahr 1995, S. 5. Den Einfluß Naumans auf die nächste Künstlergeneration heben 1995 etwa hervor: Jeffrey Kastner: The True Artist ..., *Art Monthly*, Mai 1995, Nr. 186, S. 4; Peter Plagens: Cousin Brucie, *Artforum*, April 1995, Bd. 33, Nr. 8, S. 64; Andrew Solomon: Complex Cowboy. Bruce Nauman, *New York Times Magazine*, 5. März 1995, S. 28. Zur Betitelung als einflußreichster zeitgenössischer Künstler vgl. Adam Gopnik: The Nauman Principle. A provocateur's body of work at the MOMA, *The New Yorker*, 27. März 1995, S. 103; Robert Hughes: Being a Nuisance, *Time*, 24. April 1995, S. 71.

4 Darauf verweist etwa Pamela Lee: Pater Nauman, *October*, Herbst 1995, Bd. 74, S. 129.

5 Zu dem in der kunstkritischen und -historischen Rezeption entworfenen Nauman-Bild vgl. Beatrice von Bismarck: Longing for Heroes. Die Konstruktion Bruce Naumans in Kunstgeschichte und Kunstkritik, in: Beatrice von Bismarck/Diethelm Stoller/Ulf Wuggenig (Hg.): *Games Fights Collaborations. Das Spiel von Grenze und Überschreitung. Kunst und Cultural Studies in den 90er Jahren*, Stuttgart 1996, S. 12-17.

6 Michel Foucault zieht den Vergleich von der Literaturkritik zur christlichen Exegese, um die Funktion des Autors zu bestimmen, vgl. Michel Foucault: Was ist ein Autor? (1969), in ders: *Schriften zur Literatur*, Frankfurt 1993 (1988), S. 20. Zu Strukturen kunstkritischer und vor allem kunsthistorischer Bedeutungskonstruktion vgl. ausführlich Griselda Pollock: Agency and the Avant-Garde. Studies in Authorship and History by Way of Van Gogh, in: *Block*, Bd. 15, 1989, S. 4-15 sowie Donald Preziosi: *Rethinking Art History. Meditations on a Coy Science*, New Haven/ London 1989, S. 21-53.

7 Vgl. Benezra 1994, (Anm. 3), S. 22.

8 Zur Beschreibung der Installationen vgl. Ausst. Kat. Minneapolis (1994), (Anm. 3), S. 230, 237.

9 1970 nahm Nauman auch zum letzten Mal an einer Liveperformance teil, an einem Stück von Meredith Monk, in dem auch Richard Serra auftrat. Vgl. Ausst. Kat. Minneapolis (1994), (Anm. 3), S. 342.

10 Willoughby Sharp: Nauman Interview, *Arts Magazine*, März 1970, Bd. 44, Nr. 5, S. 27.

11 Zur Begriffsbestimmung von »Index« im Sinne eines Abdruckes, der das Potential besitzt, selbst an die Stelle des Objekts zu treten, vgl. Rosalind E. Krauss: Notes on the Index: Part I (1977), in dies.: *The Originality of the Avant-Garde and Other Modernist Myths*, Cambridge, Mass./London 1989 (1985), S. 196-209, bes. S. 202-203.

12 Vgl. Peter Schjeldahl: New York Letter, *Art International*, Sept. 1969, Bd. 13, Nr. 7, S. 71.

13 Eine Reihe der im Prozeß des Portraitierens auftretenden Interessenskonflikte und ihre konstruierenden oder maskierenden Konsequenzen finden Erwähnung in Richard Brilliant: *Portraiture: Essays in Art*

and Culture, London 1991, bes. S. 56-58, 89-90, 114-115.

14 Zur Nutzung der Textarbeiten in diesem Sinne vgl. in der Reihenfolge der Nennung Ausst. Kat. Stedelijk van Abbemuseum, Eindhoven 1973: *Bruce Nauman: Works from 1965-1972*, Umschlagvorderseite; Fidel A. Danieli: The Art of Bruce Nauman, *Artforum*, Dez. 1967, Bd. 6, Nr. 4, S. 15; Jürgen Harten: T for Technics, B for Body, *Art and Artists*, Nov. 1973, Bd. 92, S. 28; Kastner 1995, a. a. O., (Anm. 3), S. 3; Coosje van Bruggen: *Bruce Nauman*, Basel 1988, S. 105; Pressemappe zur Ausstellung »Bruce Nauman«, Kunsthaus Zürich 1995, Umschlagvorderseite.

15 Franz Meyer: Revealing Mystic Truth. Mitteilung durch Verrätselung, in: Ausst. Kat. Museum für Gegenwartskunst, Basel et al 1990: *Bruce Nauman. Skulpturen und Installationen 1985-1990*, S. 9. Die Äußerung Naumans wird von Meyer in Englisch zitiert: »It was a kind of test – like when you say something out loud to see if you believe it.« Sie stammt aus Brenda Richardson: Bruce Nauman: Neons, in: Ausst. Kat. The Baltimore Museum of Art, Baltimore 1982: *Bruce Nauman: Neons*, S. 20, die sich auf ein von ihr mit Nauman geführtes Interview vom 21. Juni 1982 bezieht.

16 Meyer 1990, (Anm 15), S. 17.

17 Vgl. Barbara Catoir: Über den Subjektivismus bei Bruce Nauman, *Das Kunstwerk*, Nov. 1973, Bd. 26, Nr. 6, S. 4. Vgl. zum inhärent narzißtischen Charakter des Mediums Video Rosalind Krauss: Video: The Aesthetics of Narcissism, *October*, 1976, Nr. 1, S. 50-64.

18 Zur Kritik am Universalanspruch des Körpers vgl. Isabelle Graw: Sein ist noch lange nichts (einige Themen bei Bruce Nauman), *Texte zur Kunst*, Nov. 1992, Nr. 7, S. 94.

19 Vgl. Richardson 1982, (Anm. 15), S. 22.

20 Storr 1995, (Anm. 3), S. 5.

21 Solomon 1995, (Anm. 3), S. 31.

22 Richardson 1982, (Anm. 15), S. 20.

23 Joe Raffaele/Elizabeth Baker: The Way-Out West: Interviews with 4 San Francisco Artists, *Artnews*, Sommer 1967, Bd. 66, Nr. 4, S. 75.

24 Bruce Nauman: Von der Malerei zur Skulptur. Ein Interview mit Lorraine Sciarra (1972), zitiert nach: Hoffmann 1996, (Anm. 1), S. 78.

25 Die Photographien sind abgebildet in Ausst. Kat. Minneapolis (1994), (Anm. 3), S. 213, Kat. Nr. 84.

26 Vgl. in diesem Zusammenhang etwa auch die galvanisierte Eisenskulptur *Storage Capsule for the Right Rear Quarter of My Body*, 1966, den bronzefarben bemalten Gips *Plaster Cast Based on Neon Templates*, 1966, oder den kupfernfarben bemalten Gips *Device for a Left Armpit*, 1967, sowie unter den verschiedenen sich mit Körperabdrücken befassenden Zeichnungen die Kat. Nrn. 21 und 22 im Verzeichnis des zeichnerischen Werks, *Bruce Nauman: Drawings 1965-1986*, Basel 1986.

27 Vgl. dazu etwa auch die Glasfaserarbeit *Six Inches of My Knee Extended to Six Feet*, 1967, die zerstörte Skulptur *Wax Templates of the Left Half of My Body Seperated by Cans of Grease*, ca. 1967, sowie die auf sie bezogenen Zeichnungen Kat. Nrn. 37, 38, 46, 47 in: *Bruce Nauman: Drawings 1965-1986*, (Anm. 26).

28 Sharp 1970a, (Anm. 10), S. 26. Vgl. auch Willoughby Sharp: Bruce Nauman Interview, *Avalanche*, Winter 1971, Nr. 2, S. 25.

29 Das Textmanuskript von *Performance (Slightly Crouched)* ist abgebildet in Ausst. Kat. Minneapolis (1994), (Anm. 3), S. 133. Relevant ist in diesem Zusammenhang auch die Installation in der Galerie Konrad Fischer, Düsseldorf, *Six Sound Problems for Konrad Fischer*, 1968, für die er an sechs Tagen sechs Hand-

lungen, die er vorher im Atelier ausgeführt hatte, nun in der Galerie vollzog, auf Tonband aufnahm und in der Galerie je einen Tag lang abspielen ließ. Vgl. ebd., S. 226.

30 Klang kann in besonderem Maße die Aufgabe übernehmen, die nicht sichtbaren Bewegungen assoziativ zu vervollständigen, vgl. etwa die beiden 16 mm Filme *Playing a Note on the Violine While I Walk around the Studio*, 1967-68, oder *Bouncing Two Balls between the Floor and the Ceiling with Changing Rhythms*, 1967-68.

31 Willoughby Sharp: Body Works. A pre-critical, non-definitive survey of recent works using the human body or parts thereof, *Avalanche*, Herbst 1970, Nr. 1, S. 14.

32 Sharp 1970a, (Anm. 10), S. 26. Vgl. dazu auch die pragmatische Erklärung, in der Nauman die Nutzung seines Körpers mit Materialmangel angibt: »Im Atelier war nichts, da ich nicht viel Geld für Materalien hatte. Daher war ich gezwungen mich selbst zu erforschen, und was ich da machte.« Ebd., S. 24.

33 Coosje van Bruggen: Entrance Entrapment Exit, *Artforum*, Sommer 1986, Bd. 24, Nr. 10, S. 93, (dtsch. zitiert nach Bruggen 1988, (Anm. 14), S. 15).

34 Vgl. Sharp 1970a, (Anm. 10), S. 25 sowie rückblickend Richardson 1982, (Anm. 15), S. 22; Bruggen 1986, (Anm. 33), S. 89.

35 Vgl. Craig Owens: From Work to Frame, or, Is There a Life After the 'Death of the Author'?, (1986) in ders.: *Beyond Recognition. Representation, Power, and Culture*, Berkley/Los Angeles/Oxford 1992, S. 123.

36 Eine verwandte Arbeit ist das schwarzweiße Video *Flesh to White to Black to Flesh*, 1968, das den Schmink- und Maskierungsprozeß endlos vorführt.

37 Vorstellungen vom Künstler zur eigenen Maskierung zu nutzen ist in Analogie zu dem von Mary Ann Doane vorgestellten Konzept der Weiblichkeit als Maske zu verstehen. Weiblichkeit werde, so Doane, zur Maske, indem sie zur Schau gestellt werde. Die Frau schaffe dadurch Distanz zu dem durch den männlichen Blick konstituierten Bild der Frau und bringe dieses Bild ins Wanken. Vgl. Mary Ann Doane: Film und Maskerade: Zur Theorie des weiblichen Zuschauers (1982), in: Liliane Weissberg (Hg.): *Weiblichkeit als Maskerade*, Frankfurt/M. 1994, S. 66-89, bes. S. 77-78.

38 Vgl. *Artforum*, Dez. 1970, Bd. 9, Nr. 4, S. 44.

39 Ian Butterfield: Bruce Nauman: The Center of Yourself, *Arts Magazine*, Feb. 1975, Bd. 49, Nr. 6, S. 55.

40 Der Textteil von *Consummate Mask of Rock* ist abgedruckt in Ausst. Kat. Minneapolis (1994), (Anm. 3), S. 151.

41 Ian Wallace/Russel Keziere: Bruce Nauman Interviewed, *Vanguard*, Feb. 1979, Bd. 8, Nr. 1, S. 16, zitiert nach Kathy Halbreich: Social Life, in: Ausst. Kat. Minneapolis (1994), (Anm. 3), S. 87.

42 Vgl. Graw 1992, (Anm. 18), S. 93.

43 Vgl. Susan Sontag: The Aesthetics of Silence (1967), in dies.: *A Susan Sontag Reader*, London 1982, S. 191.

44 Vgl. Oskar Bätschmann: Ausstellungskünstler. Zu einer Geschichte des modernen Künstlers, in: Michael Groblewski/Oskar Bätschmann (Hg.), *Kultfigur und Mythenbildung. Das Bild vom Künstler und sein Werk in der zeitgenössischen Kunst*, Berlin 1993, S. 7-9.

45 Vgl. Joan Simon: Breaking the Silence. An Interview With Bruce Nauman, *Art in America*, Sept. 1988, Bd. 76, Nr. 9, S. 140-49, 203.

46 Sharp 1970a, (Anm. 10), S. 25.

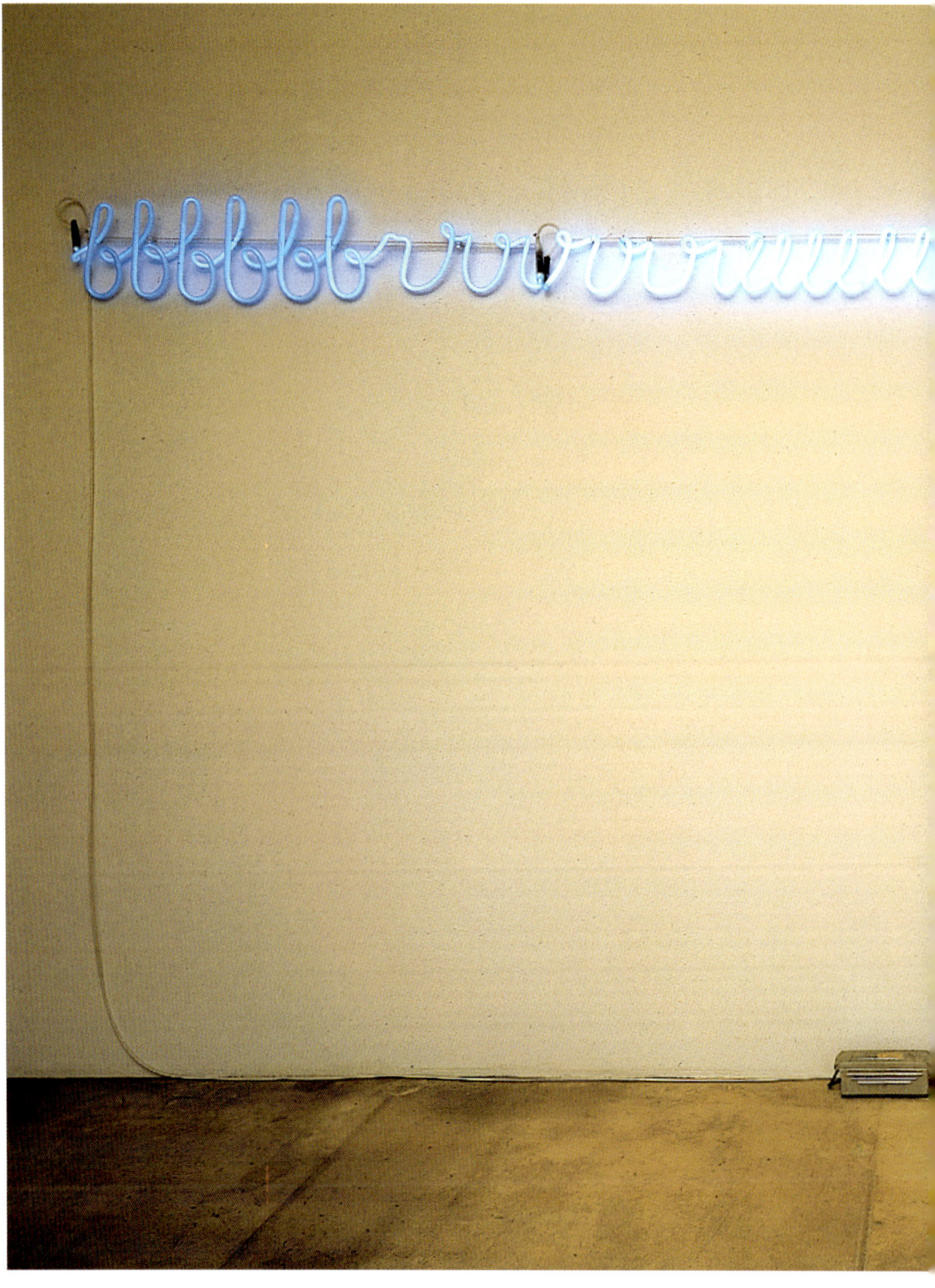

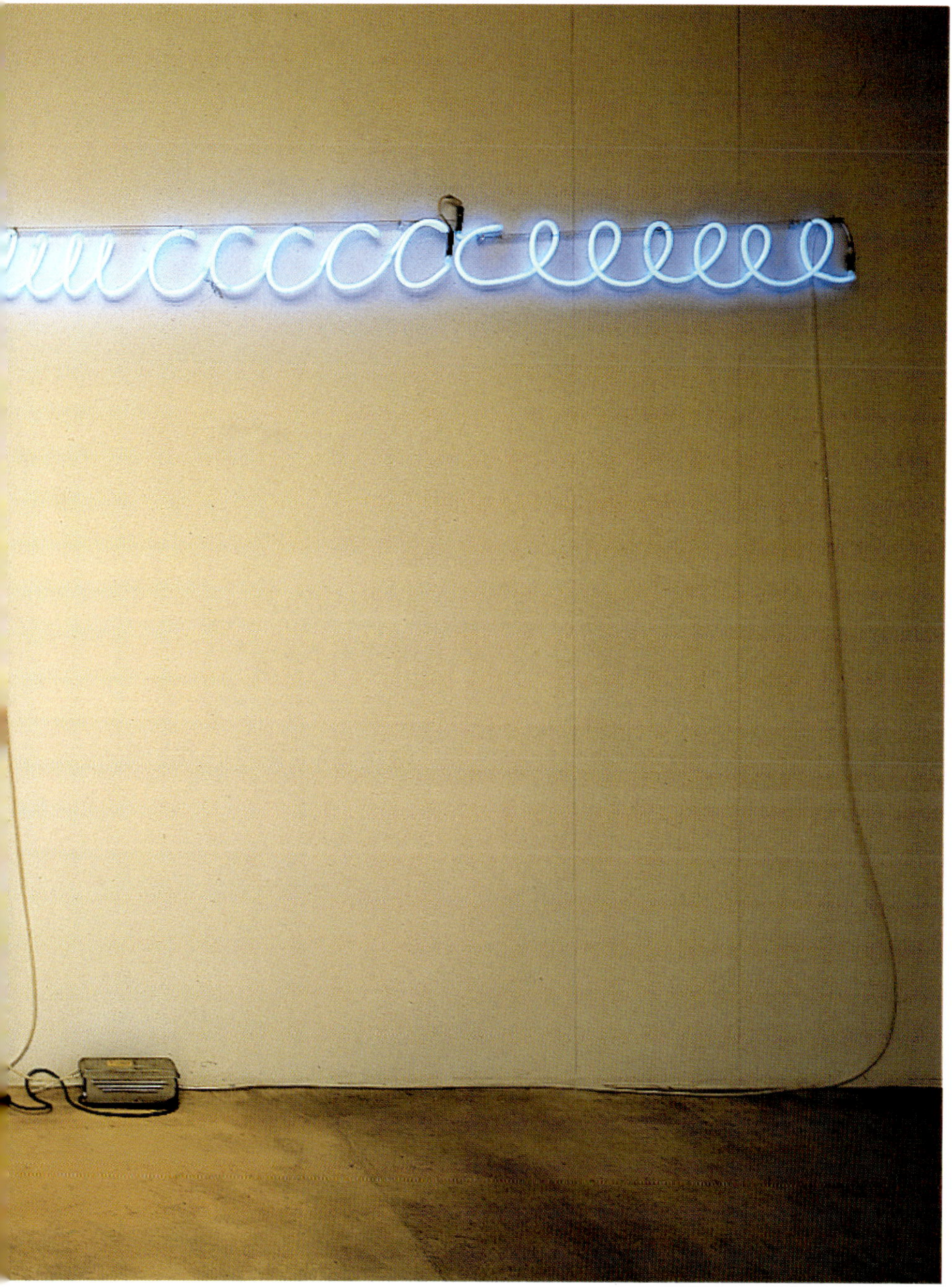

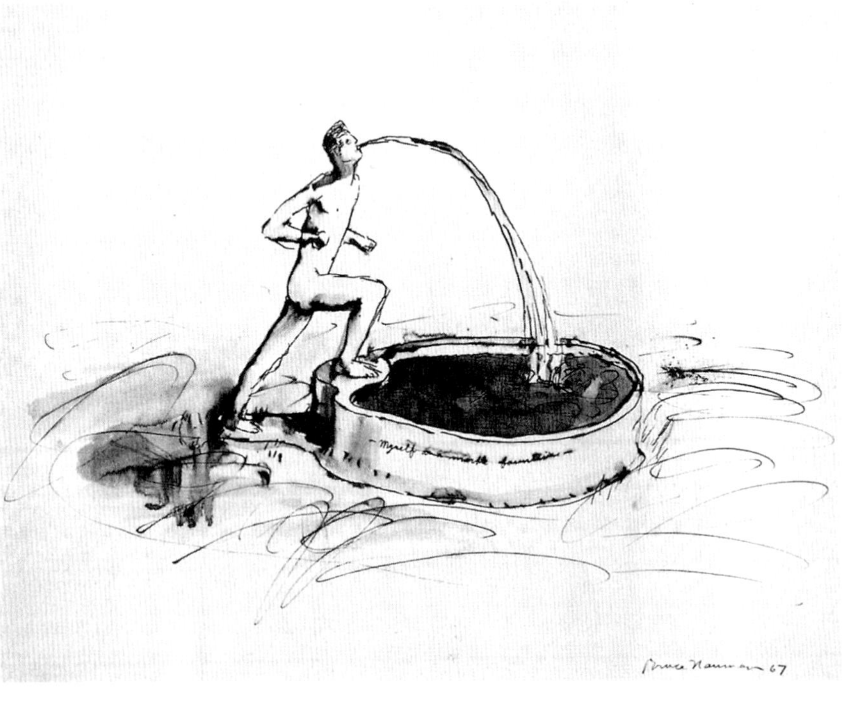

BRUCE NAUMAN

– THE TRUE ARTIST –

In recent years, one name might have been suggested to those who have asked if there is a "quintessential artist of our time:"[1] Bruce Nauman. That Nauman should receive this highest of honours is hardly surprising: both he and his career appear to embody—at least according to the critical texts on his work—an extraordinarily large number of those characteristics traditionally attributed to the archetypal modern artist.

Important among these are the notion of a "school" arising from the artist's endeavours, as well as an emphasis on the early lack of appreciation of his work, resulting in a withdrawn and anti-social lifestyle.[2] In Nauman's case, there is talk even today of misunderstanding, while at the same time critics continue to underline his outstanding importance for a whole generation of younger artists. The professional genealogies constructed for such varied personalities as Damian Hirst, Robert Gober, Mike Kelley, Kikki Smith or Rachel Whiteread transformed Nauman into a sort of father figure so that by 1995, at the end of the retrospective exhibition that had travelled through the United States and Europe since 1993, he could easily be designated America's most influential living artist.[3]

In fact, however, art critics and art historians have long been unable to identify concrete instances of borrowing among the younger generation.[4] Instead, they have turned their attention to Nauman's persona. Against the background of a series of long-standing stereotypes, Nauman's critics have created a picture of the artist as a superior being, whose abilities allow him to take on the role of a prophetic leader. The extraordinary authority attributed to Nauman in relation to his viewers and critics is rooted in this image. It finds its expression in the texts in the identification of the viewer with those beings exposed in the works—be they humans or animals—and in the viewers' reactions, which combine fear and horror with respect and admiration for the artist.[5]

The continuing viability of 19th-century conceptions of the modern artist and their significance for the reception of Nauman's work will be examined below. The ideologies underlying the construction of meaning in both art criticism and art history, particularly the notion that the exceptional quality of a work derives from the "holiness" of the author, certainly play a role.[6] Beyond this, however, a survey of a series of works created between 1966 and 1970 suggests that traditional concepts of "the artist" and their discursive handling form an integral part of the artist's practice, reinforcing many a cliché but at the same time creating a free space in which he could work.

I.

In these works—which should be understood as a group—Nauman makes aspects of his person the central focus. They are executed in various media and consist of sculptural objects in diverse materials, photographs, holograms, film and video, as well as preparatory, accompanying or complementary drawings.

Neon Templates of the Left Half of My Body Taken at Ten Inch Intervals (1966) [fig. p. 16], for example, suggests a plastic imprint of the artist's body, while films like *Thighing* (1967) [fig. p. 15] or the holograms of the *First Hologram Series: Making Faces (A-K)* (1968) [fig. p. 12/13] illustrate the physical manipulation of its individual parts. Other films or videos capture the artist's movements in his studio, as in *Walking in an Exaggerated Manner around the Perimeter of a Square* (1968) [fig. p. 54]. Nauman is also the protagonist in photographic works like *Bound to Fail* (1966-67/1970) [fig. p. 42 bottom]. Finally, *My Last Name Exaggerated Fourteen Times Vertically* (1967) [fig. p. 50] is one of the works in which he takes his own name as his starting point.

The core of this group, however, is formed by those works where Nauman takes his own role as artist as the subject. In 1966 he wrote the words *The True Artist is an Amazing Luminous Fountain* [fig. p. 6, 39] on a piece of rose-coloured mylar and hung it in the window of his San Francisco studio so that it was visible from the street. It shared the spot with a beer ad, a remnant of the grocery store that had previously occupied the space.[7] Nauman used the phrase again, comprised of cut-out letters, in two exhibition installations.[8]

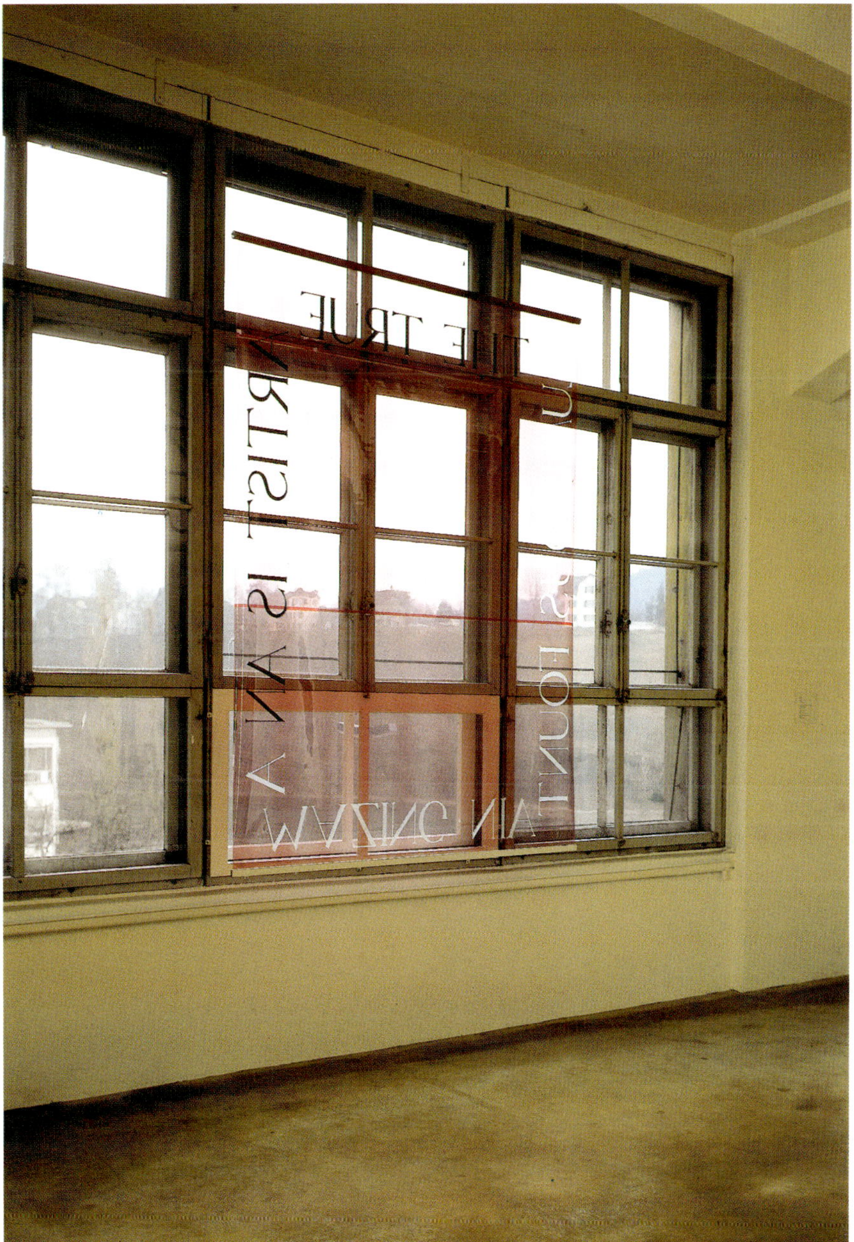
THE TRUE

He also made variations on the theme in photographs and drawings: at about the same time he executed *Self-Portrait as a Fountain* (1966) [fig. p. 11] and, somewhat later, *The Artist as a Fountain* (1966/67) [fig. p. 10] and *Myself as a Marble Fountain* (1967) [fig. p. 36]. Then, in 1967, he installed another work in his studio window: a spiral neon sign with the text "The true artist helps the world by revealing mystic truths" (1967) [fig. p. 9].

Nauman abruptly ended this self-interrogation in 1970 and completely disappeared from his work for 17 years.[9] Nonetheless, the group has a special significance for what was to come. Nauman's relevance for the discourse on the body in the 1990s, for example, in many ways derives from these works, which represent the earliest efforts in an ongoing artistic enterprise.

Furthermore, they appear to encourage an interpretation that sees the artist and his work as one, thereby potentially increasing his mythological status. Above all, however, they reveal a process of self-positioning in relation to the public, a process that was to remain important in all that followed.

II.

It becomes apparent that Willoughby Sharp's understanding of Nauman was determined by the notion of an inseparable bond between the artist and his work when he asked in an interview of 1970: "Would you say that the works are more about you than they are about art itself?"[10] Sharp concluded from Nauman's appearance in his pieces that the artist himself had become the works' true subject, their constituting element. Here, the underlying presumption is that the work of art is as a kind of index, a trace of the author which exhausts itself in reference to him.[11]

Sharp's reading is a typical one, one that expects Nauman personally to manifest himself in his work, with all his complex physical and psychological characteristics, and thereby reveal himself to the viewer. The works' titles, which refer to "my body", "my palms", "my name", "myself", or are even called "self-portrait", seem in fact to impose this very conclusion. Thus in 1969, to give only one example, Peter Schjeldahl spoke of the hologram series [fig. p. 12/13] as unveiling the "prospect of some artist's mad, 'primitive', polymorphous-perverse self."[12] According to this hypothesis, when taken together the casts, moulds and imprints, the drawn, photographed or filmed images form a differentiated and multi-facetted self-portrait of the artist. This explains why these works have been given such a prominent place in the literature on artistic self-representation. It is also a prerequisite for the heroisation of the artist as an individual.

It is therefore hardly surprising that *Self-Portrait as a Fountain* has often been used as a representative portrait of the artist. In Harald Szeemann's catalogue for the 1969 exhibition 'When Attitudes Become Form', for example it accompanies the biographical notes, thus acting as a stand-in for the artist. This tack denies the complexities of portrait photography—i. e. the relationship between the photographer and his model, the varying roles each take on in the process of shooting, or the possibility of later manipulation—championing instead the medium's ability to offer an image that appears "true".[13]

It is only logical then that in the course of the 1980s this motive was often replaced by photographs showing Nauman, who has lived in New Mexico since 1979, wearing a cowboy hat [fig. p. 13].

The two text-pieces *The True Artist is an Amazing Luminous Fountain* and *The True Artist Helps the World by Revealing Mystic Truths* (*Window or Wall Sign)* also play a prominent role in the publications on Nauman, often being given the task of introducing the artist—both his person and his ideas. They have been used for catalogue covers; as the first, largest or even only colour illustration in texts; as titles for reviews or chapters in monographs; or—as in the case of the press release for the last venue of the Nauman retrospective in Zurich in 1995—as an all-encompassing advertising slogan for the artist's oeuvre.[14]

Such usage assumes not only that photographs are merely mimetic but also that such visual or written statements correspond to the artist's personal convictions. Thus, we read in a 1990 commentary on *Window or Wall Sign* [fig. p. 9] for example: "Some critics have suggested that the associations called up in this work actually annul the meaning of the sentence, and claim that it is meant ironically, that Nauman's intention was to mock the romantic image of the artist he presents. We know from the artist himself, however, that

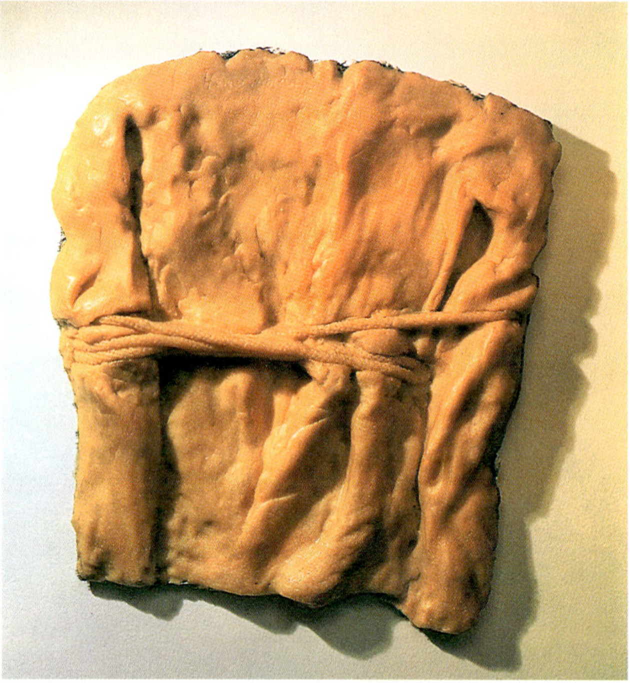

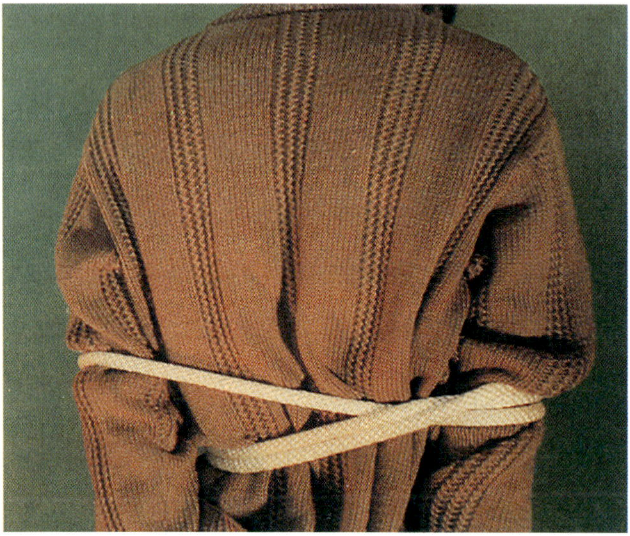

his aim was actually something quite different: 'It was a kind of test—like when you say something out loud to see if you believe it.' Here a crucial statement has been put to the test and shown to endure."[15]

In the criticism, these works are assumed to be true not only to Nauman's appearance and tenets, but also to his particular experiences. Their ultimate goal is thus thought to be self-knowledge.[16] According to this widespread interpretation, Nauman subjected his body and personality to certain trials, and works like *Bouncing Balls* (1969) [fig. p. 14] or even *The True Artist Helps the World by Revealing Mystic Truths* [fig. p. 9] directly confront the viewer with the artist's search for his own physical, personal or professional identity.

On the one hand, a reading like this implies the artist's confidence in his own importance and superior position; on the other, it in itself contributes substantially to his elevation to the rank of a remarkable, even outstanding figure. Moreover, it has led to a critique of Nauman that reduces his work to nothing more than an exercise in narcissism.[17] In the end, however, his extraordinary status is almost always granted, bringing with it a set of stereotyped beliefs about the modern artist: Nauman's body is deemed universal,[18] his artistic activity regarded as a process of suffering struggle, and a sculpture like *Henry Moore Bound to Fail* [fig. p. 42 top] appears symptomatic for the burden of the artist's vocation.[19]

Extending these notions still further, Robert Storr even gave Nauman a distinct role in contemporary society: "Disquieted by the rapid social and political changes going on around them and dismayed by what they see as the frivolity or insularity of much of contemporary culture, people of all kinds are calling for a return to art of high seriousness that is constant with the gravity of our predicament. Those who mean it should look hard and long in the direction of Bruce Nauman."[20]

At around the same time, Andrew Solomon added a note of despotism to the artist's prophet-like image: "Nauman's work is unpleasant and mortifying and upsetting, but when you give in to it and let him be the one in charge, then you'll be able to do things in the world that you couldn't do before. You'll be more useful, worth more, maybe better off, once he's broken you."[21]

III.

The authority here attributed to the artist is echoed in a great number of contemporary reactions to his exhibitions; nonetheless, Solomon's analysis overlooks one absolutely vital factor. Although essential to Nauman's artistic method, it is never mentioned in the sort of criticism that is based on concepts of authenticity. Indeed, it calls the very legitimacy of this approach into question. What I mean is the thoroughly disruptive component introduced by the rest of the quotation in which the artist spoke of wanting to "test" the assertion *The True Artist Helps the World by Revealing Mystic Truths*: "It's true and it's not true at the same time. It depends how you interpret it and how seriously you take yourself."[22] In short, Nauman qualifies his statement, casting doubt on it and thus on the entire issue of the place of his body and person in his work.

This element of doubt is an integral part of the early pieces we have been examining. The expectations fostered by both the titles and the mimetic qualities of the mediums, as well as by statements made in interviews, are only apparently fulfilled. In fact, more than anything else, what is shown deviates from what is described. Physical presence is precisely what is missing from these works, an absence achieved through various disillusive manoeuvres.

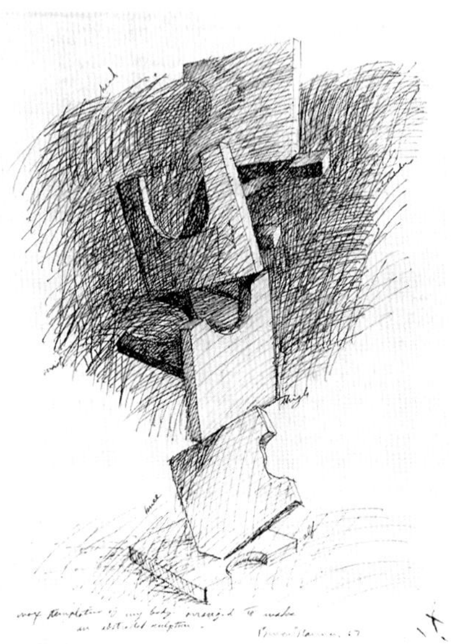

In the first place, it is not necessarily decisive for a given work that the physical imprint actually come from Nauman's own body. Rather than being clearly identifiable, the mark is interchangeable and multi-functional. In *Wax Impressions of the Knees of Five Famous Artists* (1966) [fig. p. 19], for example, Nauman could have used his own knee: "I couldn't decide who to get for artists, so I used my own knees",[23] he claimed in 1967. Five years later, however, he stated: "[...] that's the thing which upset my wife when she read that article [in Artforum]. People always assumed that these where of me but actually they were of her."[24]

In a similar way, *Henry Moore Bound to Fail* (1967/70) [fig. p. 42 top] also coquets with the extent to which Nauman's body was responsible for the object created. In terms of motif, it is related to a series of photographic variations on the theme of knots and bonds.[25] Then, in *Bound to Fail* [fig. p. 42 bottom], Nauman himself appears as the protagonist. In the final work, however, the name "Henry Moore" is added to the title, thus deflecting attention away from the artist and giving the subject a new meaning.

Also characteristic is the way in which Nauman continually replaces his actual presence with empty spaces, gaps or hollow forms his body has left behind—at least potentially. He materialises the surrounding space, removing the form-giving object itself but marking it as absent.

Thus—at any rate according to the title—*Collection of Various Flexible Materials Separated by Layers of Grease with Holes the Size of My Waist and Wrists* (1966) [fig. p. 46] delineates the circumference of the artist's waist and wrists, while *Storage Capsule for the Right Rear Quarter of My Body* (1966) [fig. p. 45] claims to be a kind of casing for part of his body.[26] Nauman further increases the sense of loss of physical integrity by breaking, splintering, fragmenting, distorting or dissolving the perimeters of his forms, as in *Wax Templates of My Body Arranged to Make an Abstract Sculpture* (1967) [fig. p. 44].[27] In contrast, for example, to Robert Morris's *Untitled (Hand and Toe Holds)* (1964) [fig. p. 46 top], which still evokes the weight of the artist's fingers and toes, Nauman banishes even the memory of immanence. Ungraspable and indeterminate, his body remains a fugitive—despite its presumed role at the origin of the work.

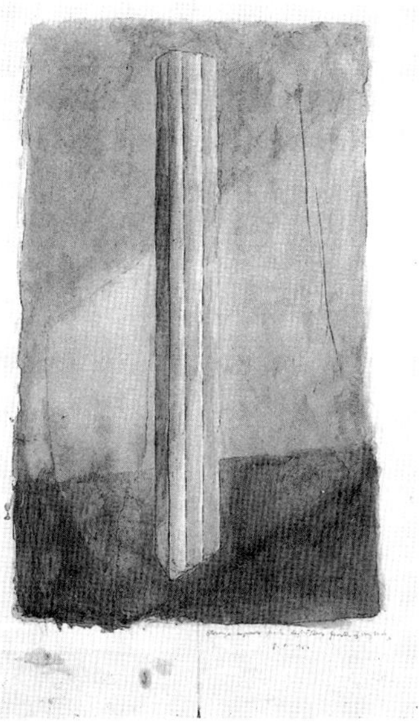

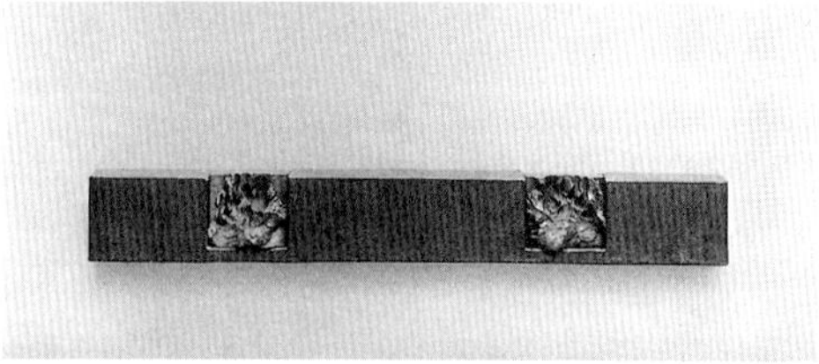

The same is true in the films, videos, photographs and holograms. Although these media actually portray the body and move it into close proximity they, too, create presence through absence, in effect showing precisely that which is not there.

The way in which photography substitutes remembrance for immediacy is exemplified in the genesis of Nauman's films and videos recording his activities in the studio: according to the artist, these were originally conceived as performances for the museum, but when no institution expressed interest in carrying them out he decided to film them instead.[28]

In these works, Nauman replaces an authentic and physical manifestation in a public space (the art museum) with a seemingly documentary representation of a private space (his place of work). The medium becomes a guarantee against any direct confrontation with the audience.

Finally, in 1968, he withdrew completely from view by writing instructions for a third person to execute his movements.[29]

In the films and videos even the camera is pointed at what is missing, set up so that part of the action takes place out of its visual range. The artist temporarily vanishes from the viewer's field of vision, disappointing his hopes of glimpsing him in his private domain. Nauman's presence is replaced by aural signals—footsteps, a bouncing ball, notes from a violin—or the viewer completes his actions by association, helped by the descriptive titles or previous

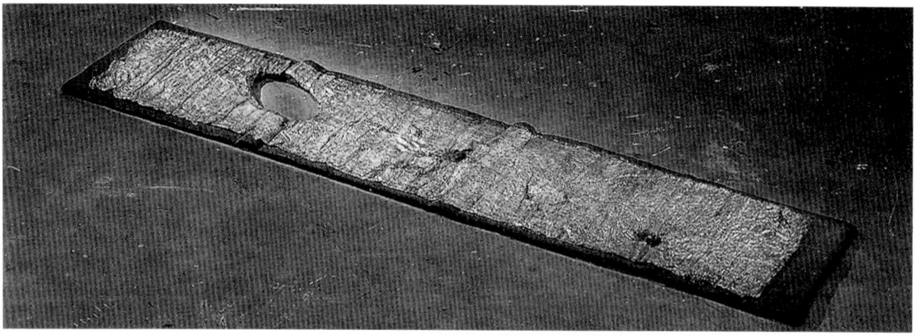

film sequences, as in *Walking in an Exaggerated Manner around the Perimeter of a Square* (1968) [fig. p. 54].[30]

Lastly, Nauman's body is not the site of physical experience but rather an artistic tool. To classify him among body-artists like Vito Acconci, Chris Burden, Barry Le Va, Dennis Oppenheim or Gina Pane is misleading. Indeed, it is true of all of them—including Nauman—that their works have less to do with the body itself than with the ways it can be treated.[31] Nauman's handling of it, however, stands out from the others through the various alienating devices he employs.

Unlike Acconci, whose performances—for example *Openings* of 1970 [fig. p. 21]—are characterised by an experience of the bodily self, Nauman uses his body as material for aesthetic creation. He treats it like wood, clay or canvas, or uses it to imitate the gestures and forms of different artistic movements. In *Wax Templates of My Body Arranged to Make an Abstract Sculpture* (1967) [fig. p. 44] the impressions are grouped to resemble an abstract sculpture; the video *Manipulating a Fluorescent Tube* (1969) [fig. p. 21]—a comment on Minimalism—records the artist positioning a neon light in relation to himself rather than the surroundings; while in *Wall Floor Positions* (1968) [fig. p. 20] the body itself is the Minimalist object, plumbing three-dimensional space. In the four 16mm films *Art Make-Up* (1967-68) [fig. p. 24, 25, 52] Nauman's body becomes the surface for monochromatic paintings; in *Thighing* [fig. p. 15] it is transformed into a malleable, sculpture-like form; in *Walking in an Exaggerated Manner around the Perimeter of a Square* [fig. p. 54] it is a simple agent executing a geometric pattern. Speaking of the relationship between a fibreglass sculpture and a performance piece in which he took on 28 different positions, the artist declared: "I vaguely remember making lists of things you could do to a straight bar: bend it, fold it, twist it; and I think that's how the performance piece finally came about, because it was just that progression of actions, standing, leaning, etc. which I carried out."[32]

Nauman's subordination of his body to formal criteria, its transformation into an object, complements the operations discussed above used to mark it as eternally absent. Both strategies prevent the establishment of identity through either physical characteristics or personal experiences. There are other ways, too, in which Nauman remains out of reach for the viewer: He pursues the interrogation of the relationship between the artist and his work still further, treating the indexical as only one aspect among many used to define the function of the author, with the result that his own role cannot be ascertained.

IV.

Looking back, Nauman described his earlier thoughts on that role in 1986 as follows: "If you see yourself as an artist and you function in a studio and you're not a painter, if you don't start out with some canvas, you do all kinds of things—you sit in a chair or pace around. And then the question goes back to What is Art? And art is what an artist does, just sitting around in the studio [...]."[33]

A central question in the early stages of Nauman's career was the definition of the artist, his tasks and function,[34] a type of inquiry typical of his generation: as Craig Owens has noted, the presumed disappearance of the author determined much artistic production from the mid-1960s onwards.[35] Owens's query "Is There a Life After the 'Death of the Author'?" could in a sense serve as a framework for the group of works here under discussion.

Nauman's retreat from the public, his refusal of the possibility of fixed identity, can be seen as a sort of tactic, a means of problematizing the notion of the author precisely in those areas where, conventionally, his complete presence would be expected. In order to accomplish this Nauman also challenges the authority generally attributed to the artist's name, signature or formal gesture.

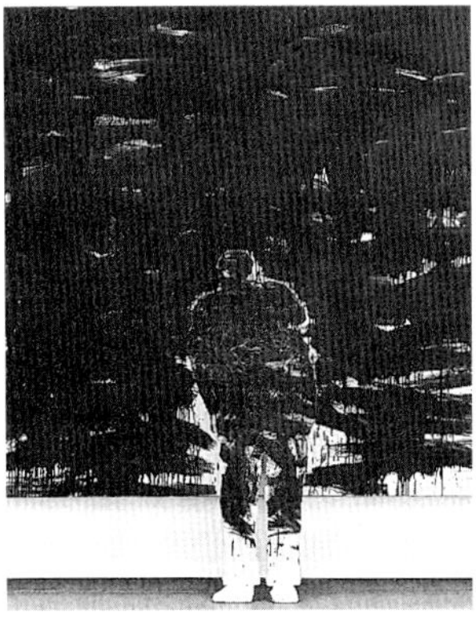

This perspective transforms the meaning of a work like *Wax Impressions of the Knees of Five Famous Artists* [fig. p. 19], in so far as the role of author's trace has itself become the subject. As so often in the art of the 1960s—e. g. Piero Manzoni's *Left Thumbprint* (1960) [fig. p. 23]—a physical imprint stands in for the artist's identifying mark. Nauman, however, fully aware of its currency within traditional notions of the artist, rejects the portrait-like equation of the artist and his work suggested by the fingerprint, while at the same time making use of it for his own purposes. As if seeking to reproduce the emotional effects of the hand-prints of film stars on Sunset Boulevard, Nauman emphasises that his work derives from the knees of famous people, thus exploiting the quasi-religious dimension of the artist-work relationship. The uncertainty surrounding the true origins of the impressions obviously detracts from the work's cultic value; at the same time though, it underlines just how important this aspect is in determining the overall esteem in which a work of art is held.

Nauman treats his own name in a similar manner. Although works like *My Name As Though It Were Written on the Surface of the Moon* (1968) [fig. p. 34/35] and *My Last Name Exaggerated Fourteen Times Vertically* [fig. p. 50] refer to the artist's name in their titles, and even reproduce the exact letters which make it up, it is in fact altered beyond recognition through distortion and repetition. As with his body, Nauman's name is transformed into an abstract motif, subjugated to formal criteria and consequently forced to relinquish all other characteristics and functions. The titles, which tell the viewer the fluorescent tubes spell out the artist's name, and even challenge him to decipher it, create—like the impressions of body parts—presence through absence. In this way the importance of the name as a means of identifying (and thus evaluating) the work and its author is underlined.

Finally, trace and signature are connected in their reference to the author in *Space under My Hand When I Write My Name* (1966) [fig. p. 23]. Neither the signature nor the hand that wrote it—both sufficient to attribute a work to a specific person—are discernible or even visible. Instead, the empty space born in the act of writing is given material form; that which is written, like Nauman's body in other works, reveals itself only in the negative, in a void.

V.

Examining this group of works as a whole, it becomes clear that its relationship to Nauman as a person and author is analogous to that of the casts and

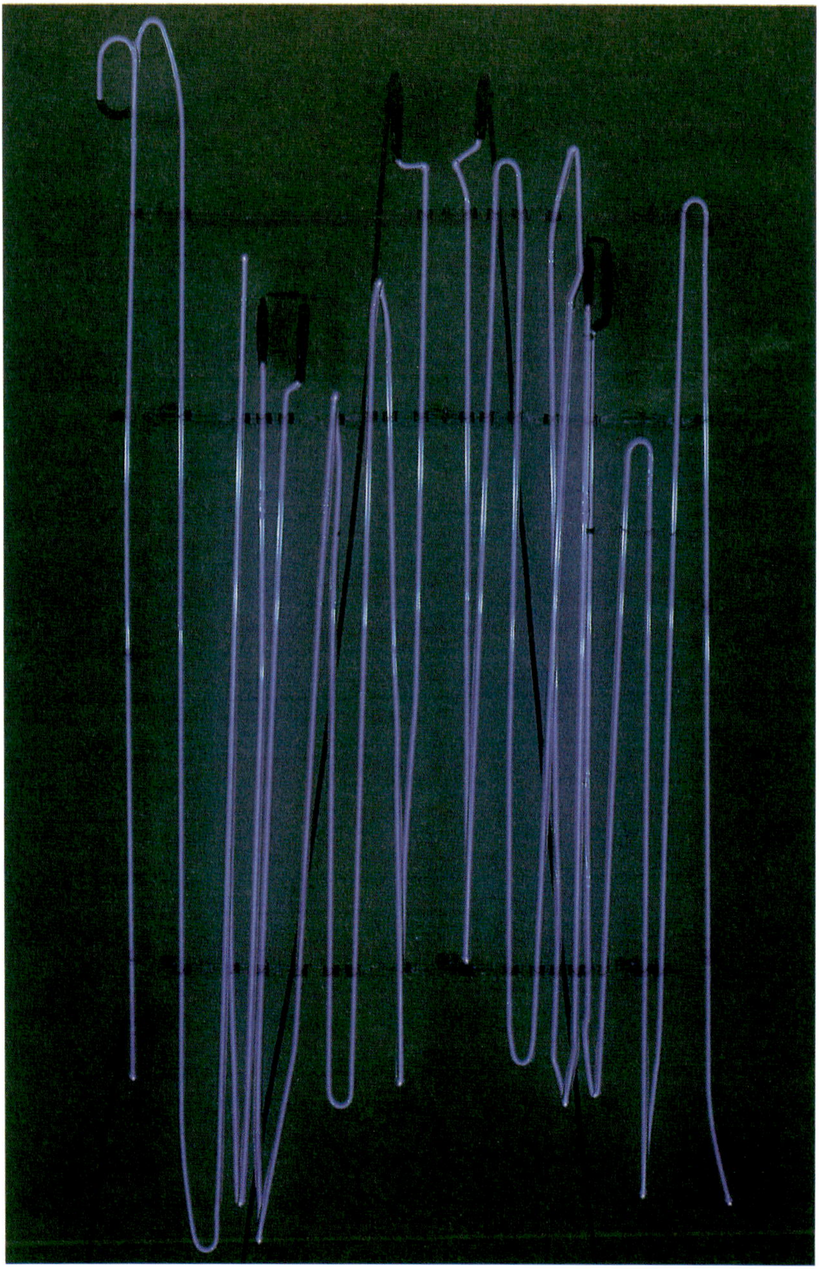

impressions to the artist's body. Nauman undermines the viewer's expectations by refusing his presence; everywhere where it suggests itself he instead stresses its absence. His encouragement of these expectations through both word and image, and the subsequent revelation that the supposedly present is actually missing, signals a performative device which uses what is shown as a kind of cover.

This "covering up" is the theme of *Art Make-Up* [fig. p. 24/25, 52], a four-part video in which Nauman covers his face and upper body with four different colours, one after the other. The acting subject, transformed into a sort of canvas, disappears in the process.[36]

This transformation of the body into an object can be compared to Giulio Paolini's *Hi-fi* (1965) [fig. p. 48], in which the artist declared himself part of the painted surface. Peculiar to Nauman's works of the same period, however, is that the painted surface—his skin—is given the same task as the various hollow or negative forms already discussed, alleged to represent the author or his body. The videos make it clear that wrapping and concealing are a part of this task. Such exhibitionism and simultaneous withdrawal (without, however, completely disappearing) can be described as a type of masquerade.

Masquerade is display in order to conceal, and produces distance between the viewer and the viewed.[37] Creating distance through withdrawal was a pervasive strategy in Nauman's early career. Not only his works but also his interviews indicate that a certain aloofness from the public had both a protective and a controlling function. A text published in *Artforum* in 1970 is even entitled *Withdrawal as an Art Form*, and lists various procedures characteristic of his artistic practice at the time: "sensory manipulation", "amplification", "sensory overload (fatigue)", and, as in the title, "withdrawal".[38]

This backing off from the world is a form of defence, but it can be manipulative as well. As Nauman declared in 1975, for example: "I think it has to do with a personal fear of exposing myself. I can only give so much. If I go further, it would take away something, or do something, that would throw me off the track. We all go so far that we have the fear of exposing ourselves. We really want to expose the information, but, on the other hand, we are afraid to let people in."[39] One of the texts included in the 1975 installation *Consummate*

Mask of Rock ends with the programmatic declaration: “People die of exposure”.[40]

Four years later, Nauman added another, strategic aspect to the statement: “Whenever I give a public presentation of something I did in the studio, I go through an incredible amount of self-exposure which can also function, paradoxically, as defence. I will tell you about myself by giving a show, but I will only tell you so much. Again, it’s like using two orders of information; the tension is intentional.”[41]

The title of the *Artforum* article—like the choice of motif for the invitation to an exhibition at the Konrad Fischer Gallery in Düsseldorf (1969) [fig. p. 27]—indicates how even some ten years before this statement withdrawal was an integral part of Nauman’s means of dealing with his public. Speaking with historical distance, he found the words to describe his method, which (contrary to the belief that he ignores his audience) creates a conscious, although alienating relationship with the viewer.[42] His remoteness can be compared to “the artist’s silence”, which Susan Sontag defined in 1967 as a form of power: according to her, silence creates opacity and thus a nearly unassailable position of strength.[43]

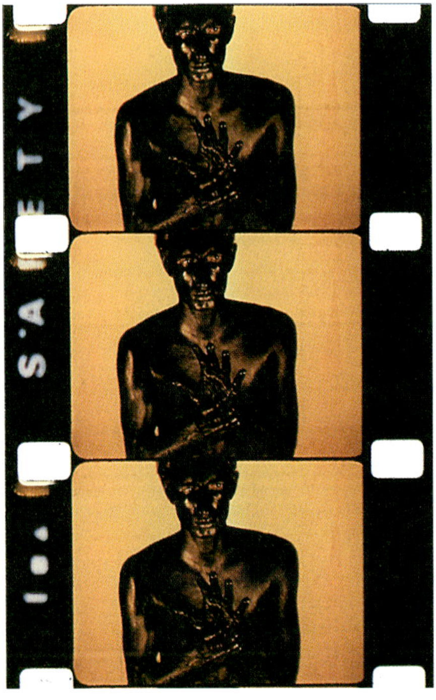

This combination of great strength and fear of the consequences of exposure is once again part of the traditional image of the modern artist. Against the background of the new social structures confronting the art producer since the 18th century, Oskar Bätschmann developed the notion of the “exhibition artist” as a person who despairs of the bourgeois society that now comprises his public. From this suffering arose the modernist concept of the artist as troglodyte, a cave dweller who has left the world and gone into isolation.[44]

Nauman's statements like "people die of exposure" or "withdrawal [is] an art form" verbally document such a position. In this sense they can be closely linked to works like *The True Artist is an Amazing Luminous Fountain* and The *True Artist Helps the World by Revealing Mystic Truths* which, as we have seen, grapple with the ceaseless power of creation and prophetic knowledge as integral parts of the modernist myth of the artist. All these works invoke the conventions, put them on display, but also challenge them.

Nauman's masquerade thus acquires an additional dimension in which the imprint, signature or image of the artist all equally take on the task of cloaking. If Art for Nauman is what an artist does, then his actions in no way deviate from the established canon of what is acceptable in the field of art. On the contrary: he appeals to traditions that sanction the concept of artistic authority. He draws on those prerequisites and conditions, the elements of the function of the author as well as their mythicising consequences, that insist on the artist's alienation and prophetic role. In their presentation, however, they take on the character of defensive assertions. In as much as the works pretend to corroborate these preconceived notions they can be compared to a masquerade, creating distance between the artist and the viewer, while at the same time thematising those very preconceptions.

The fact that Joan Simon entitled her Nauman interview "Breaking the Silence", although Nauman has never ceased speaking, has never actually been "silent", exemplifies the way in which his critics have failed to truly test the artist's statements, preferring instead to consider them as just another facet of the artist's legend.[45]

This group of self-reflexive works can thus be described as a kind of performative practice, discursively constructing its own working basis. The treatment of the public within this practice helped to create a sort of screen, reflecting the prejudices, expectations and knowledge of the viewer about the role of the author in his work. The mythologising signs first seen here support those notions about Nauman's early misapprehension, his alienation, and his priestly qualities taken up by later critics to legitimise his position outside society and thus his authority. On the one hand, as a barrier against his audience they helped preserve the artist's privacy; on the other—despite the more participatory role the viewer has been given in the works since the 1970s—to confirm his superior position.

For Nauman, the central issue of the late 1960s was to discover whether or not he was really a professional artist. As he declared in 1970: "I suppose, it's the normal artist's paranoia and that is more or less the way I felt at the time, kind of cut off, just not knowing how to proceed at being an artist."[46] When, in the same year, he discontinued his self-reflexive working method, the masquerade as the "true artist" had become a platform for his claims to artistic professionalism.

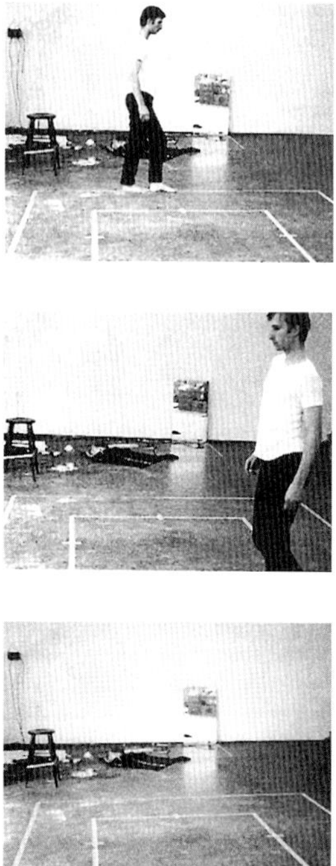

1 Dan Cameron notes that this opinion has long been fashionable: "Space Cowboy", *Art & Auction* (May 1995), p. 94.

2 On the myth of the artist in general see Ernst Kris and Otto Kurz, *Die Legende vom Künstler. Ein geschichtlicher Versuch*, Vienna 1934; Franz Roh, *Der verkannte Künstler. Studien zur Geschichte und Theorie des kulturellen Mißverstehens*, Munich 1948; and Eckhard Neumann, *Künstlermythen. Eine psychohistorische Studie über Kreativität*, Frankfurt am Main & New York 1986.

3 On the early lack of appreciation for Nauman's work see Robert Storr, "Beyond Words" in *Bruce Nauman*, exh. cat. Minneapolis: Walker Art Center, 1994, p. 62; Neal Benezra, "Surveying Nauman", ibid, p. 30; and Robert Storr, "Flashing Light in the Shadow of Doubt", *MoMA* (Spring 1995), p. 5. Nauman's influence on the following generation is stressed by, among others, Jeffrey Kastner, "The True Artist ...", *Art Monthly* (May 1995), p. 4; Peter Plagens, "Cousin Brucie", *Artforum* 33 (April 1995), p. 64; and Andrew Solomon, "Complex Cowboy: Bruce Nauman", *New York Times Magazine* (5 March 1995), p. 28. On Nauman's elevation to the status of most influential contemporary artist see Adam Gopnik, "The Nauman Principle: A Provocateur's Body of Work at the MOMA", *The New Yorker* (27 March 1995), p. 103, and Robert Hughes, "Being a Nuisance", *Time* (24 April 1995), p. 71.

4 This has been pointed out by, among others, Pamela Lee, in "Pater Nauman", *October* 74 (Autumn 1995), p. 129.

5 On Nauman in art historical and art critical literature see Beatrice von Bismarck: "Longing for Heroes: The Construction of Bruce Nauman in Art History and Criticism", in Beatrice von Bismarck, Diethelm Stoller and Ulf Wuggenig (eds.), *Games Fights Collaborations. Das Spiel von Grenze und Überschreitung. Kunst und Cultural Studies in den 90er Jahren*, Stuttgart 1996, pp. 154-59.

6 Michel Foucault made the comparison between literary criticism and religious exegesis in his description of the function of the author: "What is an Author (1969)", in *Language, Counter-Memory, Practice. Selected Essays and Interviews*, Oxford 1977, p. 127. On the hidden structures determining the meaning in art criticism and, particularly, art history see Griselda Pollock, "Agency and the Avant-Garde. Studies in Authorship and History by Way of Van Gogh", *Block* 15 (1989), pp. 4-15, as well as Donald Preziosi, *Rethinking Art History. Meditations on a Coy Science*, New Haven & London 1989, pp. 21-53.

7 See Benezra, op. cit. (note 3), p. 22.

8 The installations are described in *Bruce Nauman*, cit. (note 3), pp. 230, 237.

9 It was also in 1970 that Nauman last participated in a live performance, taking part in a piece by Meredith Monk in which Richard Serra also appeared. See *Bruce Nauman*, cit. (note 3), p. 342.

10 Willoughby Sharp, "Nauman Interview", *Arts Magazine* 44 (March 1970), p. 27.

11 On the "index" as an impression that can potentially represent the object itself see Rosalind E. Krauss, "Notes on the Index: Part I (1977)", in *The Originality of the Avant-Garde and Other Modernist Myths*, Cambridge, Mass. & London 1989 (1985), pp. 196-209, esp. pp. 202-03.

12 See Peter Schjeldahl, "New York Letter", *Art International* 13 (September 1969), p. 71.

13 The possible conflicts of interest between artist and subject and the construction or masking that takes place in the process of portraiture are discussed in Richard Brilliant, *Portraiture: Essays in Art and Culture*, London 1991, esp. pp. 56-58, 89-90, 114-15.

14 See *Bruce Nauman: Works from 1965-1972*, exh. cat. Eindhoven: Stedelijk van Abbemuseum, 1973, front cover; Fidel A. Danieli, "The Art of Bruce Nauman", *Artforum* 6, no. 4 (December 1967), p. 15; Jürgen Harten, "T for Technics, B for Body", *Art and Artists* 92 (November 1973), p. 28; Kastner, op. cit.

(note 3), p. 3; Coosje van Bruggen, *Bruce Nauman*, Basel 1988, p. 105; and the press release for the exhibition 'Bruce Nauman' in the Kunsthaus Zürich (1995), front cover.

15 Franz Meyer, "Revealing Mystic Truth. Mitteilung durch Verrätselung," in *Bruce Nauman. Skulpturen und Installationen 1985-1990*, exh. cat. Basel: Museum für Gegenwartskunst, 1990, p. 9. Nauman's statement, in Meyer's text in the original English, is taken from Brenda Richardson, "Bruce Nauman: Neons", in *Bruce Nauman: Neons*, exh. cat. Baltimore: The Baltimore Museum of Art, 1982-83, p. 20, and was made in Richardson's interview with the artist on 21 June 1982.

16 Meyer, op. cit. (note 15), p. 17.

17 See Barbara Catoir, "Über den Subjektivismus bei Bruce Nauman", *Das Kunstwerk* 26, no. 6 (November 1973), p. 4. On video as an inherently narcissistic medium see Rosalind Krauss, "Video: The Aesthetics of Narcissism", *October* 1 (1976), p. 50-64.

18 For a critique of the claims of the body to universality see Isabelle Graw, "Sein ist noch lange nichts (einige Themen bei Bruce Nauman)", *Texte zur Kunst* (November 1992), p. 94; reprinted in English: "Bruce Nauman: Being is Nothing", *Flash Art* 169 (March-April 1993), pp. 71-73.

19 See Richardson, op. cit. (note 15), p. 22.

20 Storr, op. cit. (note 3), p. 5.

21 Solomon, op. cit. (note 3), p. 31.

22 Richardson, op. cit. (note 15), p. 20.

23 Joe Raffaele and Elizabeth Baker, "The Way-Out West: Interviews with 4 San Francisco Artists", *Artnews* 66, no. 4 (Summer 1967), p. 75.

24 Lorraine Sciarra, unpublished interview, Pomona College, Claremont, California, January 1972. I would like to thank Christine Hoffmann for making this text available to me in the original English version. The addition in the quote is hers.

25 The photographs are reproduced in *Bruce Nauman*, cit. (note 3), p. 213, cat. no. 84.

26 In this context see also the galvanized iron sculpture *Storage Capsule for the Right Rear Quarter of My Body*, 1966, the bronze-coloured painted *Plaster Cast Based on Neon Templates*, 1966, or the copper-coloured plaster *Device for a Left Armpit*, 1967, and the related drawings, cat. nos. 21 and 22 in *Bruce Nauman: Drawings 1965-1986*, Basel 1986.

27 See also the fibreglass sculpture *Six Inches of My Knee Extended to Six Feet*, 1967, the destroyed piece *Wax Templates of the Left Half of My Body Seperated by Cans of Grease*, ca. 1967, and the related drawings, cat. nos. 37, 38, 46, 47 in *Bruce Nauman: Drawings 1965-1986*, (note 26).

28 Sharp, op. cit. (note 10), p. 26. See also Willoughby Sharp, "Bruce Nauman Interview", *Avalanche* 2 (Winter 1971), p. 25.

29 The text of *Performance (Slightly Crouched)* is reproduced in *Bruce Nauman*, cit. (note 3), p. 133. Also relevant in this context is the installation made for the Galerie Konrad Fisher in Düsseldorf in 1968, *Six Sound Problems for Konrad Fischer*, in which six "activities"—previously performed in the studio—were carried out in the gallery, recorded and then replayed on six consecutive days; see ibid., p. 226.

30 Sound is particularly good for completing invisible movements; see, for example, the two 16 mm films *Playing a Note on the Violin While I Walk around the Studio* (1968) or *Bouncing Two Balls between the Floor and the Ceiling with Changing Rhythms* (1967-68).

31 Willoughby Sharp, "Body Works. A Pre-critical. A non-definitive survey of recent works using the human body or parts thereof", *Avalanche* 1 (Autumn 1970), p. 14.

32 Sharp, op. cit. (note 10), p. 26. See also Nauman's statement that he used of his own body because he lacked other materials: "There was nothing in the studio because I didn't have much money for materials. So I was forced to examine myself, and what I was doing there." Ibid., p. 24.

33 Coosje van Bruggen, "Entrance Entrapment Exit", *Artforum* 24, no. 10 (Summer 1986), p. 93.

34 See Sharp , op. cit. (note 10), p. 25 as well as (retrospectively) Richardson, op. cit. (note 15), p. 22, and Bruggen, op. cit. (note 30), p. 89.

35 See Craig Owens, "From Work to Frame, or, Is There a Life After the 'Death of the Author'? (1986)", in *Beyond Recognition. Representation, Power, and Culture*, Berkley & Los Angeles & Oxford 1992, p. 123.

36 The black and white video *Flesh to White to Black to Flesh*, 1968, is a related work, which repeats the process of "making up" and "masquerading" endlessly.

37 This notion of artistic masquerade should be understood in analogy to Mary Ann Doane's concept of femininity as a mask. By displaying their femininity, women transform it into a kind of mask; this act creates distance from the male construction of the feminine, thereby undermining this image. See Mary Ann Doane, "Film and Masquerade: Theorizing the Female Spectator", *Screen* 23, no. 3/4 (1982), pp. 74-88.

38 See *Artforum* 9, no. 4 (December 1970), p. 44.

39 Ian Butterfield, "Bruce Nauman: The Center of Yourself", *Arts Magazine* 49 (February 1975), p. 55.

40 The text for *Consummate Mask of Rock* is reprinted in *Bruce Nauman*, cit. (note 3), p. 151.

41 Ian Wallace and Russel Keziere, "Bruce Nauman Interviewed", *Vanguard* 8 (February 1979), p. 16; quoted from Kathy Halbreich, "Social Life", in *Bruce Nauman*, cit. (note 3), p. 87.

42 Cf. Graw, op. cit. (note 18), p. 93.

43 See Susan Sontag, "The Aesthetics of Silence (1967)", in *A Susan Sontag Reader*, London 1982, p. 191.

44 See Oskar Bätschmann, "Ausstellungskünstler. Zu einer Geschichte des modernen Künstlers", in Michael Groblewski and Oskar Bätschmann (eds.), *Kultfigur und Mythenbildung. Das Bild vom Künstler und sein Werk in der zeitgenössischen Kunst*, Berlin 1993, pp. 7-9.

45 See Joan Simon, "Breaking the Silence. An Interview With Bruce Nauman", *Art in America* 76, no. 9 (September 1988), pp. 14-49, 203.

46 Sharp, op. cit. (note 10), p. 25.

1941 Geboren in Fort Wayne, Indiana.

1960 Studiert Mathematik, Physik und Kunst an der University of Wisconsin, Madison.

1964 Studiert Kunst an der University of California, Davis, u.a. bei William T. Wiley und Robert Arneson.

1964-66 Gibt die Malerei auf und wendet sich der Skulptur, der Performance-Kunst und dem Film zu.

1966 Schließt mit dem Master's degree ab und zieht nach San Francisco, wo er sich Wohnung und Atelier in einem ehemaligen Lebensmittelladen einrichtet. Unterrichtet am Art Institute of San Francisco. Zusammenarbeit mit William T. Wiley. Erste Einzelausstellung in der Nicholas Wilder Gallery, Los Angeles.

1968 Trifft die Choreographin Meredith Monk und dem Komponisten Steve Reich. Reist nach New York und verbringt die Wintermonate mit der Arbeit an Videotapes. Erste Einzelausstellung in New York in der Leo Castelli Gallery. Erste Einzelausstellung in Europa in der Konrad Fischer Galerie, Düsseldorf. Teilnahme an der documenta 4 in Kassel teil.

1969 Zieht nach Pasadena, Kalifornien. Inszeniert im Rahmen der Ausstellung 'Anti-Illusion. Procedures/ Material' im Whitney Museum, New York, eine Performance mit Judy Nauman und Meredith Monk.

1970 Lehrt an der University of California, Irvine. Tritt das letztemal live in einer Performance auf, die Meredith Monk in Santa Barbara inszenierte und an der auch Richard Serra teilnahm.

1972 Erste Museumseinzelausstellung: 'Bruce Nauman: Work from 1965 to 1972' ausgerichtet vom Los Angeles County Museum of Art und dem Whitney Museum of American Art, New York. Die Ausstellung war außerdem in Bern, Düsseldorf, Eindhoven sowie in Houston und San Francisco zu sehen.

1973 Arbeitet für seine Videos erstmals mit Schauspielern zusammen.

1979 Zieht nach Pecos, New Mexico. Beginnt sich für das Reiten und Trainieren von Pferden zu interessieren.

1985 Macht mit *Good Boy Bad Boy* das erste Videotape seit 1973.

1988 Tritt als Reiter in dem Video *Green Horses* erstmals wieder seit den späten sechziger Jahren in seinen Arbeiten in Erscheinung.

1989 Zieht nach Galisteo, New Mexico.

1993-95 Zur großen Retrospektive, die in Minneapolis, Washington, New York, Madrid und Zürich gezeigt wird, erscheint das Werkverzeichnis.

1941 Born in Fort Wayne, Indiana.

1960 Studies mathematics, physics and art at the University of Wisconsin, Madison.

1964 Studies art at the University of California, Davis, with William T. Wiley and Robert Arneson.

1964-66 Abandons the medium of painting and begins work with sculpture, performance, and film.

1966 Graduates from the Univeristy of California, Davis and moves to San Francisco, where he establishes a studio and living space in a former grocery store. Collaborates with William T. Wiley. First solo exhibition at the Nicholas Wilder Gallery, Los Angeles.

1968 Meets dancer-choreographer Meredith Monk and composer Steve Reich. Travels to New York and spends winter months working on videotapes. First solo exhibition in New York at Leo Castelli Gallery. First solo exhibition in Europe at the Konrad Fischer Galerie, Düsseldorf. Particpates in 'documenta 4', Kassel.

1969 Moves to Pasadena, California. Stages performance in New York at the Whitney Museum in conjunction with the exhibition 'Anti-Illusion: Procedures/ Materials', with Judy Nauman and Meredith Monk.

1970 Teaches at the University of California, Irvine. Participates in his last live performance, with Richard Serra, in a Meredith Monk piece in Santa Barbara.

1972 First solo museum exhibition, 'Bruce Nauman: Work from 1965 to 1972', co-organized by the Los Angeles County Museum and the Whitney Museum of American Art, New York. The show travels to Bern, Düsseldorf, Eindhoven, Houston and San Francisco.

1973 Employs actors for the first time in his videotapes, the last ones until 1985.

1979 Moves to Pecos, New Mexico. Develops interest in horseback riding and training.

1985 *Good Boy Bad Boy* is his first videotape since 1973.

1988 The videotape *Green Horses* shows Nauman riding a horse, his first appearance in his own work since the late 1960s.

1989 Moves to Galisteo, New Mexico.

1993-95 Retrospective exhibition travels from Minneapolis to Washington, New York, Madrid and Zürich. An oeuvre catalogue was published on the occasion of the show.

Die angegebenen Ziffern verweisen auf die Seitenzahl der Abbildungen. The numbers given indicate the page.

20
Wall-Floor Positions, (Standbilder) 1968
Videoband, s/w, Ton, 60 Min., zur Endloswiederholung

21 oben
Manipulating a Fluorescent Tube, (Standbilder) 1969
Videoband, s/w, Ton, 60 Min., zur Endloswiederholung

21 unten
Vito Acconci, *Openings*, (Standbilder) August 1970
Super-8 Farbfilm, ohne Ton, 15 Min.

23 oben
Piero Manzoni, *Linker Daumenabdruck*, 1960
Serigraphie, 50 x 35 cm

23 unten
Space under My Hand When I Write My Name, 1966
Wachs, 243,8 cm Länge
Zerstört

24/25
Art Make-Up, No. 1: White/ No. 3: Green
(Standbilder) 1967-68
2 von 4 16 mm Filmen, Farbe, ohne Ton, je ca.
10 Min.
Hg. Leo Castelli Gallery, New York
Stedelijk Museum, Amsterdam

27
Photographie von Bruce Nauman auf der Einladungskarte der Galerie Konrad Fischer, Düsseldorf 1970

34/35
My Name As Though It Were Written on the Surface of the Moon, 1968
Neonröhren mit Klarglasröhren-Aufhängerahmen, 4teilig, 27,9 x 518 x 5,1 cm, Auflage 2/3
Museum für Gegenwartskunst, Zürich

36
Myself as a Marble Fountain, 1967
Feder mit Tusche auf Papier, laviert, 48 x 60,5 cm
Depositum der Emanuel-Hoffmann-Stiftung, Öffentliche Kunstsammlung Basel, Museum für Gegenwartskunst, Basel

39
The True Artist is an Amazing Luminous Fountain (Window or Wall Shade), 1966
Rosafarbene, durchsichtige Blendfolie
243,0 x 182,9 cm
Hallen für Neue Kunst, Schaffhausen

42 oben
Henry Moore Bound to Fail (back view), 1967
Wachs über Gips, 66 x 61 x 8,9 cm
Sammlung Leo Castelli, New York

42 unten
Bound to Fail, aus:
Eleven Color Photographs, 1966-67/1970
Portfolio mit 11 Farbphotographien, Auflage 8/8
unterschiedliche Maße (50,2 x 59,7 cm)
The Heithoff Family Collection, Collection Gerald S. Elliott, Chicago

44
Wax Templates of My Body Arranged to Make an Abstract Sculpture, 1967
Tinte auf Papier, 63,5 x 48,3 cm
Washington Art Consortium Bellingham, Washington D.C.

45
Studie zu *Storage Capsule for the Right Rear of My Body*, 1966
Bleistift, Kohle und Aquarell auf Papier
96,5 x 62,9 cm
The Museum of Modern Art, New York

46 oben
Robert Morris, *Untitled (Hand and Toe Holds)*,
(Detail) 1964
Blei und Gips, 2 Teile, je 10,2 x 121,9 x 6,4 cm
Courtesy Margo Leavin Gallery, Los Angeles

46 unten
Collection of Various Flexible Materials Seperated by Layers of Grease with Holes the Size of My Waist and Wrists, 1966
Aluminiumfolie, Plastikfolie, Schaumgummi,
Filz und Fett, 3,8 x 228,6 x 45,7 cm
Sammlung Linda und Harry Macklowe, New York

48
Giulio Paolini, *Hi-Fi*, 1965
Lackfarbe auf Leinwand, 245 x 230 cm
Galerie Paul Maenz

50
My Last Name Exaggerated Fourteen Times Vertically
1967
Neonröhren mit Klarglasröhren-Aufhängerahmen
160 x 83,8 x 5,1 cm
Solomon R. Guggenheim Museum, New York, Dauerleihgabe Sammlung Panza

52
Art Make-Up, No. 4: Black (Standbilder) 1967-68
1 von 4 16 mm Filmen, Farbe, ohne Ton, je ca.
10 Min.
Hg. Leo Castelli Gallery, New York
Stedelijk Museum, Amsterdam

54
Walking in an Exaggerated Manner Around the Perimeter of a Square, (Standbilder) 1968
16 mm Film, s/w, ohne Ton, 8-10 Min.

IMPRESSUM

Text und Konzeption / Text and Concept
Beatrice von Bismarck

Übersetzung ins Englische / Translation into English
Rachel Esner

Layout und Lektorat / Layout and Editing
Gimlet & Partner, Köln

Herstellung / Production
Saskia H. Rothfischer

Satz und Lithografie / Type setting and Reproductions
Fotosatz Weyhing, Stuttgart

Gesamtherstellung / Printed by
Dr. Cantz'sche Druckerei, Ostfildern

Erschienen im / Published by
Cantz Verlag
Senefelderstraße 12
73760 Ostfildern-Ruit
Tel. (0)711-4 40 50
Fax (0)711-4 40 52 20

Distribution in the US
D.A.P., Distributed Art Publishers
155 Avenue of the Americas, Second Floor
USA-New York, N.Y. 10013-1507
Tel. 212-627

ISBN 3-89322-291-X

Printed in Germany

Fotonachweis / Photo Credits
Martin Bühler, Basel (S. 36)
Rudolph Burckhardt, Courtesy Leo Castelli Gallery, New York (S. 46)
Courtesy Leo Castelli Gallery, New York (S. 23, 50)
Courtesy Hallen für neue Kunst, Schaffhausen (S. 39)
Courtesy Emanuel-Hoffmann-Stiftung, Kunstmuseum Basel (S. 19)
Courtesy Museum für Gegenwartskunst, Zürich (S. 34/35)
Courtesy Bruce Nauman (S. 10)
Kathy Dillon (S. 21)
Dorothee Fischer, Courtesy Galerie Konrad Fischer, Düsseldorf (S. 27)
Gianfranco Gorgoni, New York (S. 14, 20, 54)
Glenn Halverson, Walker Art Center, Minneapolis (S. 9, 46)
Babette Mangolte, Courtesy Leo Castelli Gallery, New York (S. 15)
Eric Pollitzer, Courtesy Leo Castelli Gallery, New York (S. 42)
Frank J. Thomas, Los Angeles, Courtesy Leo Castelli Gallery, New York (S. 12/13)
Gwenn Thomas, Courtesy Leo Castelli Gallery, New York (S. 21)
Dorothy Zeidmann, New York: © 1988, Courtesy Gerald S. Elliott, Chicago (S. 11, 42)
Zindman/Fremont, New York, Courtesy Sonnabend Gallery, New York (S. 6)

Wir haben uns bemüht, sämtliche Rechteinhaber ausfindig zu machen. Sollte es uns in Einzelfällen nicht gelungen sein, Rechteinhaber zu benachrichtigen, so bitten wir diese, sich beim Verlag zu melden.

BISHER ERSCHIENEN / ALREADY AVAILABLE

Marina Abramović
Biography

Stephan Balkenhol
Plätze/Orte/Situationen

Jonathan Borofsky
Dem Publikum gewidmet –
Dedicated to the Audience

Hanne Darboven
Konstruiert, Literarisch, Musikalisch

Einszueins
Horst Antes, Joachim Sartorius

Jan Fabre im Gespräch mit Jan Hoet
und Hugo de Greef

FLATZ
Bodycheck – Physical Sculpture No. 5

FLATZ
Physical Sculptures

Johannes Geccelli
Texte aus dem Atelier

Glück
Ein Symposium

Karl Otto Götz im Gespräch

Dan Graham
Interviews

Mary Heilmann
Farbe und Lust – Color and Passion

Stephan von Huene
Tischtänzer

Illusion und Simulation
Begegnung mit der Realität

Jörg Immendorff
The Rake's Progress

Kazuo Katase
Räume der Gegenwelt

Tadashi Kawamata
Field Work

On Kawara
June 9, 1991. From "Today" Series (1955–...)

Mike Kelley im Gespräch

B
Gespräche mit Martin Kippenberger

Königsmacher?
Zur Kunstkritik heute

Joseph Kosuth
No Exit – Kein Ausweg

Kunst im Abseits
Zwei Gespräche mit Catherine David

Wolfgang Laib
Eine Reise

Bertrand Lavier
Argo

Louise Lawler
For Sale

Thomas Lehnerer
Ethik ins Werk

Bernhard Leitner
Geometrie der Töne

Markus Lüpertz
Deutsche Motive

Matthew McCaslin
Ausstellungen – Exhibitions

Allan McCollum/Laurie Simmons
Actual Photos

Maurizio Nannucci
Hortus Botanicus

Roman Opalka
Anti-Sisyphos

Original
Symposium Salzburger Kunstverein

Haralampi Oroschakoff
Entwürfe. Eine Textsammlung 1980–1994

Der Ort der Bilder
Jay-Young Park im Gespräch

Heribert C. Ottersbach
Erinnerte Bilder

Nam June Paik
Baroque Laser

Christos Papoulias
Hypertopos

Partenheimer
Architektur und Skulptur

Sigmar Polke
Schleifenbilder

Positionen zur Kunst
Positions in Art

Fritz Rahmann
U.A. Zwei Rösser

Igor Sacharow-Ross
Feuer und Fest – Fire and Festival

Bernard Schultze
Pictor Poeta

Susanna Taras
Beiwerk

Günter Umberg
Raum für Malerei

Lois Weinberger
Texte

Lawrence Weiner, Ulrich Rückriem
öffentlich – public freehold

Erwin Wurm
Expedition

Erwin Wurm
One minute sculptures

Johanes Zechner
Der Afrikanische Koffer

R E I H E   C A N T Z